本书受长江师范学院博士启动项目"长江上游经济带第三产业空间演化与经济发展模式研究（项目编号2016KYQD04）"资助

中西部地区文化创意产业集群协同创新机制研究

喻 汇　郑远芳　臧金祥 ◎ 著

西南交通大学出版社
·成都·

本书从产业经济学和创意经济学的视角分析中西部地区创意产业集群的形成机制、协同创新机制、绩效评估机制和区域协调机制，力图探究中西部地区创意产业集群的优化路径。共分为八章：第一章对国内外有关文化创意产业集群的理论进行阐述；第二章将对国内创意产业集群进行分类，并对不同类型创意产业集群的运营模式进行探究；第三章主要探究文化创意产业价值链的演进路径；第四章主要以江西省服装文化创意产业集群为例，探讨如何建立中西部地区文化创意产业集群协同创新机制；第五章在问卷调查的基础上，分析文化创意人才的激励要素以及绩效评估体系的构建；第六章探究了文化创意产业价值链的信息管理系统构建方法与实现路径；第七章以重庆市为例，探究中西部地区文化创意园区协同创新系统的优化路径；第八章探讨创意产业集群对生态文明城市建设的影响。

图书在版编目（CIP）数据

中西部地区文化创意产业集群协同创新机制研究 /
喻汇，郑远芳，臧金祥著. —成都：西南交通大学出版
社，2018.3
ISBN 978-7-5643-6101-3

Ⅰ.①中… Ⅱ.①喻… ②郑… ③臧… Ⅲ.①文化产业－产业集群－研究－中国 Ⅳ.①G127

中国版本图书馆 CIP 数据核字（2018）第 046285 号

中西部地区文化创意产业集群协同创新机制研究

喻　汇　　郑远芳　　臧金祥　　著

责 任 编 辑	左凌涛
封 面 设 计	严春艳
出 版 发 行	西南交通大学出版社
	（四川省成都市二环路北一段 111 号
	西南交通大学创新大厦 21 楼）
发行部电话	028-87600564　　028-87600533
邮 政 编 码	610031
网　　　　址	http://www.xnjdcbs.com
印　　　　刷	四川煤田地质制图印刷厂
成 品 尺 寸	165 mm × 230 mm
印　　　　张	5.5	字　　　数	68 千字
版　　　　次	2018 年 3 月第 1 版	印　　　次	2018 年 3 月第 1 次
书　　　　号	ISBN 978-7-5643-6101-3
定　　　　价	29.00 元

图书如有印装质量问题　本社负责退换
版权所有　盗版必究　举报电话：028-87600562

前　言

在经济新常态背景下,"调结构""去产能""去库存""降成本""补短板"的供给侧结构改革已成为促进我国经济结构优化升级的重要战略,而战略性新兴产业则成为引领经济可持续发展的新引擎。作为新兴服务业的代表,文化创意产业以其高附加值、低能耗、高产出的特点得到政府、企业、媒体乃至创意人才的广泛关注。国家对文化产业的培育政策也相继出台。2014年2月,国务院发布《关于推进文化创意和设计服务与相关产业融合发展的若干意见》,首次强调了促进文化创意产业发展对推进经济发展方式转变及培育创新驱动力具有重要意义。

在国家相关产业政策的引导下,各地文化产业集群呈现出蓬勃发展的良好态势。但是,在产业规模不断增长的同时,文化产业集群的发展模式也暴露出一些问题。特别是对于经济欠发达的中西部地区而言,受地方财政收入不足、创新人才缺乏以及产业基础薄弱等因素的制约,文化创意产业集群的发展面临较大的发展瓶颈。但中西部地区同时也拥有文化底蕴深厚、人力资源丰富、发展潜力巨大等优势。发展中西部地区的文化创意产业,有助于激发中西部地区创新活力,缩小与东部地区的差距,促进区域协调发展。

本书从产业经济学和创意经济学的视角分析中西部地区创意产业集群的形成机制、协同创新机制、绩效评估机制和区域协调机制,试图探究中西部地区创意产业集群的优化路径。

目 录

第一章　文化创意产业国内外研究综述 …………………………… 001
　一、研究背景 ………………………………………………………… 001
　二、国内外研究综述 ………………………………………………… 002

第二章　文化创意产业集群的类型与协同创新模式 ……………… 006
　一、不同类型创意产业集群的知识管理模式 ……………………… 006
　二、文化创意产业集群创新动力机制和团队学习机制的培育 …… 008
　三、文化创意产业集群协同创新平台的构建 ……………………… 009

第三章　文化创意产业价值链的演化路径 ………………………… 012
　一、引言 ……………………………………………………………… 012
　二、文化创意企业内部价值链竞争优势的形成 …………………… 012
　三、文化创意产业协同价值链 ……………………………………… 014
　四、网络价值链 ……………………………………………………… 016
　五、简短结论和建议 ………………………………………………… 018

第四章　文化创意产业集群协同创新机制的构建
　　　　——以江西省服装创意产业集群为例 …………………… 020
　一、国内服装创意产业集群的运营模式 …………………………… 020
　二、江西省服装创意产业集群发展现状 …………………………… 022
　三、江西服装创意产业集群价值链形成机制 ……………………… 024
　四、江西服装创意产业集群协同创新平台的构建 ………………… 026
　五、简短结论和建议 ………………………………………………… 028

第五章 文化创意产业知识员工绩效评估体系的构建 ……… 031
　一、文献综述与假设 ……………………………………… 032
　二、研究设计 ……………………………………………… 037
　三、分析结果 ……………………………………………… 041
　四、简短结论和建议 ……………………………………… 041

第六章 文化创意产业价值链信息管理系统的构建 ………… 045
　一、文化创意产业的价值链信息管理模式的演进 ……… 046
　二、文化创意产业价值链集成信息管理平台构建 ……… 049
　三、信息集成管理系统的 IT 架构 ……………………… 054
　四、简短结论和建议 ……………………………………… 056

第七章 文化创意产业园区协同创新系统的优化路径
　　　　　——以重庆市为例 ………………………………… 060
　一、文献述评 ……………………………………………… 060
　二、文化创意园区运营机理 ……………………………… 062
　三、案例分析——重庆文化创意产业园区的协同创新机制 … 064
　四、提升重庆文化产业园区竞争力政策建议 …………… 066

第八章 创意产业集群对生态文明城市建设的影响
　　　　　——以重庆为例 …………………………………… 069
　一、生态文明城市的内涵 ………………………………… 069
　二、创意产业集群对城市生态文明建设的影响 ………… 071
　三、案例分析——重庆创意产业集群与生态文明建设的
　　　相互协调关系 ………………………………………… 072
　四、简短结论和建议 ……………………………………… 077

参考文献 ……………………………………………………… 078

第一章
文化创意产业国内外研究综述

一、研究背景

文化创意产业是一种在经济全球化背景下产生的以创造力为核心的新兴产业。文化创意产业作为国家产业政策和发展战略并形成产业竞争力,起源于英国。20世纪80年代,在与美国、德国、法国、日本等科技强国的竞争中,昔日工业化强国英国的制造业日显疲态,经济增长乏力,在竞争中处于劣势。如何调整产业结构、控制价值链高端,成为该国产业转型的首要任务。20世纪90年代,英国政府提出要通过推动创意产业的发展,使英国从一个多世纪以前的"世界工厂"蜕变为"世界创意中心",从而全方位提升英国的国家核心竞争力。英国政府率先将文化创意产业作为国民经济支柱产业给予政策倾斜和财政支持,经过近20年的发展,英国的文化创意产业已成为驱动英国经济增长的新引擎。创意产业不仅使伦敦成为全球三大广告产业中心之一、全球三大最繁忙的电影制作中心之一,获得"国际设计之都"的称号,还使创意产业成为伦敦的第二大支柱产业。

在经济新常态背景下,调结构、去产能、去库存已成为促进我国经济结构优化升级的重要战略,而战略性新兴产业则成为引领经济可持续发展的新引擎。作为新兴服务业的代表,文化创意产业以其高附加值、低能耗、高产出的特点而得到政府、企业、媒体乃至创意人才的广泛关注。国家对文化产业的培育政策也相继出台。2014年2月，国务院发布《关于推进文化创意和设计服务与相关产业融合发展的若干意见》，文件强调了促进文化创意产业发展对推进经济发展方式转变及培育创新驱动力具有重要意义。在政策叠加效应影响以及政府、企业、高校、媒体等机构的共同推动下，各地的文化创意产业集群如雨后春笋般发展起来。文化创意产业集群将资本、土地、技术、人才等生产要素在一定区域空间进行集聚，促进了信息传播、知识共享和创新协同，对提升区域创新能力发挥了巨大作用。

但文化创意产业集群在繁荣发展的同时也暴露出了一些问题：一是部分文化创意产业集群存在重硬件建设、轻项目运营现象，导致文化创意产业园区异化为商业地产项目；二是大多数文化创意产业集群的规划主要由政府主导驱动，缺乏市场诱导机制，集群创新要素的内生动力不足；三是不少产业集群定位趋同、缺乏特色，重复建设现象比较严重。那么，如何才能发挥文化创意产业集群的聚集效应，使其成为创新要素的集聚载体、产业链的融合空间和知识共享的平台呢？本研究认为，只有建立科学的文化创意产业竞争力评估体系，才能激发园区的内生性创新驱动力，提升园区的可持续发展能力。本书将研究空间聚焦于重庆市文化创意产业园区，力图探究如何构建多元化的协同创新力的评估体系，实现文化创意产业集群的绩效管理动态化、创新要素集聚化、创新空间网络化和创新机制协同化。

二、国内外研究综述

文化创意产业概念来源于英语的"creative industries"和"cultural industries"。联合国教科文组织在蒙特利尔会议上将文化创意产业定义为："按照工业标准生产、转化、存储和传播文化产品和服务的一系列

第一章
文化创意产业国内外研究综述

活动文化。"20世纪90年代,被誉为"创意产业之父"的英国学者约翰·霍金斯从产业经济学的角度阐述了创意产业的概念。他指出:"创意产业就是其产品都在知识产权保护范围的经济部门。"约翰·哈特利认为创意产业不仅仅是一个理论概念,它是普通大众可以参与知识共享和技术创新,并自发形成一个开放性的区域创新系统。法兰克福经济学派学者阿多诺在其撰写的《文化产业:欺骗公众的启蒙精神》一文指出:"文化产业是运用现代工业手段大规模地复制和传播商品化的、物质化的文化产品的娱乐产业体系。"在他看来,文化应属于由少数文化人创造的上层精英文化,文化产业的标准化大规模生产和商业化运作将会贬损文化产品的价值。因此,阿多诺对文化产业持批判和否定的态度。1982年,美国哈佛大学学者丹尼尔·贝尔在《后工业社会的来临》一书中从产业经济的角度提出了"文化产业"的概念,书中明确地将文化产品的生产、消费与传播连接起来,揭示了文化产业与消费需求的相互作用规律,强调市场对文化产业发展的巨大推动作用。1998年出台的《英国创意产业路径文件》明确提出:"所谓创意产业,就是指那些从个人的创造力、技能和天分中获取发展动力的企业,以及那些通过对知识产权的开发可创造潜在财富和就业机会的活动。"文化创意产业主要包括广播影视、动漫、音像、视觉艺术、表演艺术、工艺与设计、雕塑、环境艺术、广告装潢、服装设计、软件和计算机服务等方面的创意群体。与传统产业不同,文化产业的核心生产要素不是固定资产、土地、资金等物质资本,而是文化创意企业所拥有的创意理念、创新技能和创新文化等创新知识的组合。查理斯·兰德里研究了创意产业对城市规划和区域文化的影响,他认为每个城市都可以结合自身的区域文化和产业基础规划文化产业的发展路径,并提升城市的综合竞争力。Scott则从供给和需求两方面分析了文化创意园区产生的原因。他指出,具有创新能力的中小企业更倾向于聚集在一定的区域空间实现知识的交流和共享，创意产品的消费者也倾向于在创意园区寻求更具规模效应的销售网络。Hilary 认为，文化创意产业集群可以实现文化的自由、资源的集聚和管理的集约，是文化创意产业的发展趋势。

相比国外研究，我国学术界和产业界对于文化创意产业的研究起步略晚。2004 年，国家统计局颁布《文化及相关产业分类》，对文化产业的内涵和范围进行了较为明确的界定。该文件指出："文化产业是为社会公众提供文化、娱乐产品和服务的活动，以及与这些活动有关联的活动的集合，它的范围包括文化产品制作和销售活动、文化传播服务、文化休闲娱乐服务、文化用品生产和销售活动、文化设备生产和销售活动以及相关文化产品制作和销售活动。"国家统计局对于文化产业的内涵界定，为我国文化创意产业的良性发展提供了科学的指导性意见。国内学者更倾向于从产业经济学的角度分析文化创意园区的发展模式。刘弈、马胜杰按运营机制将文化创意园区分为"自发形成的市场导向模式"和"政策扶持的政府主导模式"，并对两种模式的创新主体、管理机制和发展路径进行了比较分析。陈秋玲、吴艳以生物学中共生关系的视角探讨了文化创意产业集群内部、创意产业集群与区域经济发展之间的共生关系。王发明则通过对文化创意园区空间组织和创新业态演化的分析，探究了企业创造的隐性知识在创意产业园区进行编码、传播、共享，并最终成为集群内部的共性知识的流程和模式。张梅青、万淘运用复杂适应性理论论证了"创意产业集群具有模块化肌群组织特征"，他们认为只有根据创意产业集群的产业特征、创新主体和运营机制进行分类才能有效地发挥产业集群的溢出效应和关联效应，成为集聚区域创新要素的开放式平台。王重远对创意产业集群与城市规划之间的相互依存关系进行研究，他认为文化创意产业集群是城市生态网络系统的组成部分，文化创意园区的设计应与城市整体规划相协调。

对比国内外文献，不难看出，国外文献倾向于从创意产业的构成要素进行分析，研究重点聚焦于创新要素之间的内在关系，国内文献更加侧重于研究创意产业集群的形成机制与创新机制。相较而言，国内外文化产业以产业方面的研究对于文化创意产业与区域经济增长的关系关注较少，在区域文化与文化产业的融合机制方面的研究也比较缺乏。

第二章
文化创意产业集群的类型与协同创新模式

随着知识经济和全球经济一体化时代的到来，文化创意产业信息化、时尚化和网络化的趋势更加明显。文化产品的消费也呈现出流行趋势缩短、消费者需求个性化以及电子商务广泛应用等特征。在快速多变的产业环境下，要提升文化产业链的整体竞争力，必须将企业经营的重心从产品制造环节向创意设计、品牌策划、供应链管理等高附加值环节转移。而且，价值链转型升级有赖于一定规模的创意产业在特定的空间集聚，以便形成创意知识的扩散效应和溢出效应。在这种外部环境下，很多文化创意产业集群应运而生。这些文化创意产业集群在引领时尚趋势、提升当地创意水平、整合设计师资源方面都做出较大贡献，但是，这些产业集群在创意共享、价值链协同和区域创新体系的构建等方面仍然有所欠缺。如何有效提升文化创意产业集群的知识共享、扩散效应和整体创新能力，已成为学术界和产业界共同关注的课题。本章以服装产业为例，将对文化创意产业集群团队学习机制构建、创新动力机制以及协同创新系统的培育进行较为深入的分析，力图探究文化创意产业集群的知识管理模式的优化路径和协同创新系统的运营模式。

一、不同类型创意产业集群的知识管理模式

（一）人力资本驱动型创意产业集群

创意产业是经营文化和智力产品的新兴产业，而拥有创造力和想

象力的创意人才是推动其发展的主体。在文化创意产业领域，专业设计师、工艺师和品牌策划师是服装产业的灵魂。当这些创意人才在一定的地理空间集聚后，他们所拥有的灵感、想象力、思维所产生的碰撞和交流会使文化创意知识充分扩散，从而实现团队学习所产生的"知识溢出"效应。这种依赖创意人才集聚所产生的产业集群可称之为人力资本驱动型产业集群。由于创意人才更加偏爱自由的工作环境和多元化的文化环境，此类产业集群往往临近高校、科研院所、咨询公司等智力机构。

例如，依托东华大学和上海纺织研究所形成和发展的上海名仕街时尚创意产业集群就属于创意人才驱动型创意产业集群。得益于这些科研机构的人才支持，此类产业集群定位于文化产业的前沿性设计和超前的概念性时尚创意，并取得不错的效果。不难看出，人力资本驱动型创意产业集群在创新能力和学习效率方面具有很强的竞争力，但是创意人才的高度流动性和市场意识的缺失，也会使人力资本驱动型创意集群的发展规模和辐射区域受到很大影响。

（二）市场诱导性创意产业集群

市场诱导型创意产业集群是依托专业市场及其配套物流商贸基地而发展起来的。对于文化创意产品而言，无论其设计水平高低与否，都必须转化为满足消费者需求的功能型产品。因此，市场需求是决定文化产业链竞争力提升的关键环节。在市场需求的诱导下，一些专业商贸集散中心相继成立了文化创意产业集群，如绍兴柯桥国际轻纺城就是依托当地辐射功能较强的面辅料市场发展形成的市场诱导型产业集群。由于靠近成熟的专业市场，市场诱导型产业集群的信息传递主要以时尚资讯、流行趋势和先进的生产工艺为主，而且这些信息主要以可编码、易传播的显性知识为主。但是，显性知识易复制的特性在客观上又阻碍了创意产业集群原创性知识的孕育和发展。

(三) 要素集聚型创意产业集群

要素集聚型创意产业集群是文化产业链上下游企业群体在一定地理空间集聚的产物。这种空间集聚主要有赖于企业对知识整合与信息共享的战略型需求，同时，也是企业适应不断变化外部环境的发展需要。创意产业的发展不仅需要创意人才、信息和知识的汇集，而且也需要资本和企业组织的空间的集聚，这样才能形成文化产业链的规模经济效应。另外，产业的汇集还能促进产业链成员的互补性资产的有机整合，并培育产业集群内部的团队学习机制和创新氛围。与其他创意产业集群不同，要素集聚型创意产业集群更容易借助产业集群的团队学习效应形成柔性而开放的创新网络。

二、文化创意产业集群创新动力机制和团队学习机制的培育

(一) 创意产业集群的创新动力

创意产业集群的企业因知识共享和团队学习氛围的集聚形成的企业网络并非是一个静态企业群落，而是一个随着内部学习和外部环境变迁而不断变化的动态网络。在信息化、全球化的背景下，创意企业呈现出人才流动频繁、产品生产周期缩短、市场需求不确定性加强的特征。因此，在高度竞争的文化产业链中，部分企业因创新力缺失而被淘汰，而一些具有创新精神的企业则凭借具有竞争优势的新产品和服务进入文化创意产业集群，从而形成一个优胜劣汰、自我强化的的动态区域创新系统。

（二）不断衍生的市场需求

在传统企业中，企业更倾向于扩大经营规模以获取某个细分市场的优势地位，在成本优势和规模效应的作用下，这种优势可能持续较长时间。但是以智力和知识为核心生产要素的创意企业则依靠持续创新以获得差异化竞争优势。这种市场倒逼机制不仅能够促进企业创新意识和竞争能力的提升，还可以优化企业相关产业价值链上下游的资源配置和要素组合，使文化创意产业集群始终保持对外部环境反应的敏捷性。

（三）创意产业集群的团队学习能够使企业创新能力的提升

文化创意产业链的"创意阶层"在创意产业集群集聚后，会自发形成相互学习、交流、共享的团队氛围。这些由设计师、企业、媒体组成的"创意阶层"在知识学习传播的过程中能将自己掌握的灵感、技能、想象力等个体知识有效地转化为团队知识，团队知识在经过过滤、迁移后又转化为企业的创新知识集合。在个体知识和团队知识的相互转化过程中，企业的知识应用能力和创新力得以提升，从而为下一轮知识共享创造良好的条件。另外，知识共享和团队学习使"创意阶层"对集聚学习型空间会产生情感上的维系和团队合作的默契，这将更加有利于文化创意产业集群学习型网络的形成。

三、文化创意产业集群协同创新平台的构建

（一）协同创新平台的构成主体

文化创意产业集群协同创新平台是由企业、设计师、服装资讯中心所构成的知识共享平台。协同创新平台承担着文化创意产品制作、

设计和营销功能，媒体、信息中心、风险投资机构则是该平台的参与主体，媒体负责创意品牌的传播和宣传推广，信息中介承担着集群内企业和外部市场的信息中介和交易功能，风险投资和银行等金融机构则负责创意产品的项目融资以实现创意产品的产业化运作。协同创新平台通常由政府规制、企业主导、设计师参与、媒体和金融机构辅助而成，不同性质的价值链成员各司其责，同时在合作契约的约束下进行职能协调与分工协作。

（二）协同创新平台的知识共享机制

在协同创新平台中，显性知识因其易传播和编码化的特征而容易被集群内部成员共享，但蕴藏于设计师、工艺师体内的隐性知识则因其含混性和模糊性而很难被迅速传播。而协同创新平台的知识共享机制可以解决隐性知识在创意产业集群的传递、转化和共享等问题。创意产业集群内孕育的隐性知识主要包括两类：一类是附着于创意人力资本的直觉、灵感、洞察力、价值观、诀窍等个体潜在素质；另一类是创意企业和团队所培育的思维模式、企业文化、共同愿景、团队协作能力等组织隐性知识。这些个体和组织隐性知识只有经过知识的过滤、排序、整合、编码后才能被创意集群其他成员所接受和共享，从而转化为创意产业集群的区域系统知识。而区域系统知识经过协同创新平台的扩散、交叉、融合后被创意主体有选择吸收，部分显性知识又可以内化为附着于创意个体和组织的隐性知识。如此循环往复，便可形成良性且螺旋式上升的知识强化过程，进而极大促进协同创新系统竞争力的提升。

（三）协同创新平台竞争优势的塑造

协同创新平台通过整合产业集群内企业和机构的互补性资产、技

第二章
文化创意产业集群的类型与协同创新模式

术和创新知识，可以获取创意个体和单个组织所无法获取的竞争优势。从经济学的角度分析，协同创新平台所获取的竞争优势主要来源于以下几方面：

一是规模成本优势。协同创新平台使文化创意主体跨越组织边界，将企业内部价值链同协作伙伴价值链有机地渗透与融合，促进了相互间的沟通与交流，降低了创意产品的交易成本，有利于产业集群内企业协同竞争优势的培育。

二是知识整合优势。由于协同创新系统内企业组成和协作是有机与共生的，在产品设计、时尚发布、流行趋势预测和供应链管理方面扮演着重要角色，形成一个专业化的区域创新系统。由于将各种创意主体的优势资源进行了整合，使该系统不仅拥有对外部环境反应的敏捷性，而且保障了系统内部的知识创新能力。

三是要素集聚优势。协同创新平台使创意产业集群内部形成相互学习、沟通协作以及良性竞争的自我强化机制，刺激集群内创意氛围的形成和"创意阶层"的产生。另外，协同创意平台的知识共享平台可以促进文化创意产业集群"知识溢出"效应的发挥。使知识创新成果能迅速被创意集群共享，并形成根植于产业集群的区域创新网络。

第三章
文化创意产业价值链的演化路径

一、引言

自从波特提出价值链理论以来,许多文化创意企业开始重视组织内部之间的业务协作和信息共享,并尝试利用一体化价值链深化与供应商和分销商之间的战略合作。但是,由于在经营目标上存在分歧,使很多价值链成员之间的合作流于形式,并未构成真正意义上的战略同盟。在知识经济和网络经济的背景下,个体企业很难独自应对消费者个性化需求日益加强的市场环境,更多的企业开始将各自的互补性资产进行有效整合和资源共享。要构建战略协同和运营高效的价值链,企业必须依托文化创意产业集群的集聚效应和知识扩散效应使创意知识在产业集群内部有效地传递、共享、扩散,并自发形成具有持续创新力的学习网络。

二、文化创意企业内部价值链竞争优势的形成

(一) 内部价值链的内涵

根据波特对价值链的描述,企业内部价值链是指企业各个部门互相配合、共同协作,通过对各个部门的资源进行有效整合,共享而产生的竞争优势。对于文化创意企业而言,部门之间的知识共享和价值

链整合尤为重要。以服装产业为例，设计部门需根据营销部门的市场反馈进行款式设计，生产部门则根据营销部门的销售预测制订生产计划，人力资源部门则根据公司的产能以及销售渠道的拓展计划制订人员的招聘、培训、绩效管理计划。

在工业化时代，企业多属于劳动密集型产业，企业在产品设计、品牌塑造和信息管理方面很难形成差异化竞争优势。在此阶段，企业通常将经营重点放在生产管理、成本控制等方面，加工成本优势成为此阶段企业竞争优势的主要来源。而且，由于进入门槛较低，潜在的行业进入者很容易吞噬行业的利润，使行业的盈利能力始终处于较低水平。由此可见，内部价值链处于价值链发展的初级阶段时，其竞争优势的获取来源比较单一。

（二）文化创意产业内部价值链的特点

1. 内部价值链对市场的反应比较迟缓

内部价值链的主要价值链活动是企业内部各部门所从事的产品研发、营销管理、生产管理、成本控制等内部价值链活动。由于内部价值链与外部供应商、经销商、中介机构缺乏有效的信息对接，对市场的变化反应迟缓，因此很难适应消费者瞬息万变的需求，以及产品生命周期日益缩短的产业发展趋势。

2. 内部价值链难以获得持续性的竞争优势

在工业化时代，企业的竞争优势主要来源于低廉的劳动力成本、土地使用成本以及优惠的出口退税政策。然而，这些依赖于初级生产要素所获得的竞争优势是很难获得持续性的发展动力的。首先，大量的行业潜在竞争者会迅速摊薄文化创意产品加工行业的利润；其次，劳动力成本的上升会大幅降低企业的盈利能力；最后，汇率的上升也可能进一步侵消企业利润。由此看来，依靠成本优势生存的文化创意产品加工企业对外部环境的应变能力非常薄弱，其竞争优势也是难以持续的。

3. 内部价值链缺乏创新的动力

从本质上来讲，创新是对原有组织秩序、文化、思维方式的变革和破坏，并建立新的资源配置方式、经营模式和思维习惯。因此，创新活动需要不同类型的个人、组织和群体的相互学习、交流、共享来获得创新灵感。但是，在内部价值链中，由于组织各个部门长期共同遵守统一组织体制、文化，执行同一经营模式，企业内部成员在组织行为、思维方式和经营理念上日趋统一，很难产生互补性的交流和学习。这无疑影响了组织学习的氛围和效果，甚至会产生变革和创新的惰性，从而阻碍企业创新的进程。

三、文化创意产业协同价值链

进入后工业时代后，企业由劳动密集型产业向资本密集型产业过渡。文化创意产业一方面要依靠较大的生产规模以获取成本优势。另一方面，要加强组织的灵敏性以快速应对外部环境的变化。此时，仅仅凭借企业的自创新机制已经很难适应消费者需求个性化逐步增强的产业趋势。越来越多的企业尝试将内部价值链同企业原材料供应商、第三方设计机构、零售商、信息中介组织等外部组织进行有效整合和相互协同，并形成企业上下游关联产业的协同价值链。

协同价值链是运用现代化信息技术将价值链内部的业务进行无缝集成，并与供应商、分销商、零售商、信息服务提供商等外部协作企业保持信息共享、互利共赢的价值链联盟。以工业设计企业为例，制造商与零售商共同构建的快速响应（QR）机制已经得到广泛的应用。

而以计算机辅助设计（CAD）、计算机辅助制造（CAM）、计算机辅助工艺规则（LAPP）为代表的计算机智能制造系统则可以将设计、生产制造、工艺规划紧密地结合，并实现产品设计数据与生产工艺数据的相互调用与共享。此外，以客户为导向的 ASP 第三方信息服务模式将为企业价值链成员提供高度集成、动态交互的协同电子商务平台。从产业经济学角度分析，协同价值链具有以下优势：

（一）产业集群效应显著

在协同价值链中，主导企业与上下游关联企业形成了有效地专业分工，这将有利于设计公司、生产企业、物流企业关注于自己的核心业务，并将各自擅长的专业领域进行延伸，形成具有差异性的知识资产。这些上下游企业的互补性资产在经过知识共享、转移、传播后，很容易形成创意产业集群的扩散效应和集聚效应。

（二）协同价值链的竞争优势具有不可复制性

协同价值链拓宽了企业边界，使主导企业和关联企业既关注了自身的核心业务，又实现了不同产业集群的资源整合。由于战略目标协同一致，协同价值链的企业联盟可以使产品设计、物流、生产、营销各个环节实现知识共享和信息链接，这将大幅降低协同价值链内部交易成本，提升产业链市场化效率。同时，协同价值链使不同产业集群的个体优势进行累积和集聚，形成了竞争对手更难逾越的"竞争门槛"，使协同价值链成员从中受益。

（三）有利于形成良性的团队学习机制

进入后工业时代，文化创意产业价值链逐步从实体产品的生产进入创意产品的生产阶段，文化创意产品不仅是功能单一的装饰性产品，更是体现消费者时尚品味、审美情趣的文化产品，因此，文化价值和美学内涵也成为文化创意产业的主要产品构成要素。而协同价值链可以实现各个环节之间的知识传播、传递和共享，特别是构成品牌个性和内涵的隐性知识，可以将设计师的创意语言附着于产品之中，并通过迅捷的信息化渠道进行传播，使文化在价值链的传递过程中实现增值。

四、网络价值链

进入 21 世纪后，以电子商务和移动通信为代表的信息技术使文化创意产业的竞争业态发生了巨大变化。企业之间的战略合作、信息共享、业务渗透更加频繁。电子商务占企业总交易额的比例迅速增长，传统的营销渠道面临日益严峻的挑战。另外，云计算和物联网等信息技术的出现使文化创意产业价值链由"空间集聚"向"信息集聚"和"知识集聚"发展。企业间的战略合作可以借助先进的网络技术突破地理空间和组织空间的局限，实现跨区域、跨行业的创新网络。

从信息经济学的视角分析，创新网络的产生需要产业条件和技术条件。产业条件是创新网络产生的外部条件。在知识经济背景下，文化创意企业逐步从加工型产业向文化服务性产业过渡。以知识创意为特征的产品设计、数字化敏捷制造、柔性生产、整合传播等创意价值链活动成为文化创意企业竞争优势的主要源泉。而创意知识经过去冗、编码、排序、过滤后可以自由地在产业集群中共享与传播。技术条件则是创新网络生存和发展的技术保障。现代化的信息技术使企业的创意知识借助信息网络迅捷而高效地流动。信息的高度集聚和传输可以实现创意知识的融合与增值。而且，云计算等网络技术的出现使创意知识的扩散速度呈几何级的增长，这将极大地拓展价值链的覆盖空间。

具体而言，网络价值链有以下特征：

（一）网络价值链是知识共享和传播的结晶

网络价值链可以使不同组织之间突破组织边界，实现知识流、信息流、数据流的无缝对接。由于企业、政府、媒介、个体在信息表达方式和知识学习机制方面存在较大差异，将组织所拥有的知识进行规范化、格式化处理成为创新网络价值链运营的关键环节。而面向服务的知识共享平台则可以实现这一目标，知识共享平台通过对不同组织隐性知识的编码化、社会化处理，使之成为易于传播和共享的显性知识，知识共享平台还可以通过其内化学习机制成为依附于组织自创新机制系统的隐性知识。在知识不断地传递、学习、转化和共享的循环过程中，知识在创新网络价值链中不断更新和增值，从而保证价值链具有持续性的竞争力。

（二）创新网络价值链通常依托创意园区为载体

创新网络价值链主要通过知识将不同组织进行链接，对于组织之间的地理位置和空间距离并无特殊要求，但是，相近的地理区域确实更有利于创意人才的集聚和交流。特别是创意人才所拥有的隐性知识很难全部转化为可编码化的显性知识，面对面的知识交流无疑可以增强团队学习的效率，而协同创新平台可以促进知识、信息和人才的集聚，并形成带动技术极化和创新升级的知识溢出效应，从而促进价值链的良性发展。

（三）网络价值链能迅速应对外部环境变化

网络价值链的虚拟化、信息化、知识化特征使其能够和外部市场环境实现快速的数据链接和信息交换,而且,任何一个价值链节点的信息能够迅速地与其他节点单位共享。在知识经济时代,网络价值链可以构建一个专业化与协同化并重的动态网络系统,该系统可以根据外部环境的变化迅速地调整网络价值链成员的设计风格、产品定位、物流配送和营销传播策略等一系列经营战略,以保障网络价值链的整体竞争力。与内部价值链与协同价值链不同,创新网络价值链具有更强的动态性和适应性。这将产生强烈的知识聚合效应,并对价值链的系统进行有效整合和功能拓展,使价值链成员的知识优势得以累积和强化,从而形成知识、人才、机制相互促进的知识创新网络。

五、简短结论和建议

文化创意产业价值链的演进实质上是其经营模式和创新路径的发展进程。随着产业环境的变化,价值链逐步从单一价值链向协同价值链和网络价值链发展。从表象上看,这种转变是组织形态和沟通媒介的演化进程,但从本质而言,这是价值链学习机制、创新模式和战略目标上的深层次变革。在工业化时代,企业主要关注于企业内部价值链的资源整合和自主创新能力开发,通过成本控制和市场开拓提升企业的盈利能力。企业的竞争优势主要来源于价值链的内部驱动力。但是在后工业时代,文化创意产业价值链上下游的产品设计、原材料供应、生产协作、营销等环节的资源共享和战略协同逐步加强,单项价值链开始向纵向一体化价值链发展,企业价值链的竞争优势不仅取决于企业个体的自主创新能力,而且还取决于价值链成员之间的协同创新能力和资源整合能力。在经济全球化和网络经济的背景下,文化创意产业价值链成员之间的组织边界日趋模糊,价值链成员的创新能力在知识溢出效应的影响下呈现出规模递增特征。由企业、设计师、科研院所组成的柔性创新系统可以通过知识的扩散、共享、传递不断衍生出创新驱动力和可持续竞争力。对于文化创意企业经营者而言,只有从战略层面了解价值链的演进规律,才能结合企业自身发展的实际情况构建适合企业的发展创新机制和知识管理系统,并且依托现代化信息技术融入以产业集群为载体的网络创新价值链,从而实现跨越空间、组织、文化的知识融合与创新,并创造出可持续性的竞争优势。

第四章
文化创意产业集群协同创新机制的构建
——以江西省服装创意产业集群为例

服装创意产业是诸多文化创意产业中的一种新生业态,其发展水平是衡量一个地区文化品位、精神风貌乃至社会发展水平的重要标尺。在知识经济时代,服装创意产业的核心竞争优势已经逐步从生产制造环节转移至服装创意设计环节和营销策划环节,这就需要传统纺织服装企业通过转型升级来摆脱对粗放型发展路径的依赖,向产业链两端去延伸,并依托企业的自主创新来培育产业发展的内生动力,最终实现服装创意产业链的全面升级。所谓服装创意产业集群,就是由诸多相互联系的服装创意企业以及相关协作部门或机构,依据专业化分工和价值链共享的原则建立起来的,并在一定区域集聚而形成的产业集群。

探究服装创意文化产业集群的运营模式和发展战略,对于提升服装创意文化产业集群的综合竞争力具有非常重要的意义。本章将以江西省服装创意产业集群为例,对服装创意产业集群协同创新系统的运行机理、协同模式和发展趋势进行较为深入的探究。

一、国内服装创意产业集群的运营模式

受制于资金、经营理念、政策,国内的服装创意产业起步较晚,但随着市场机制的逐步完善和企业创新意识的增强,我国服装创意产

第四章
文化创意产业集群协同创新机制的构建

业集群开始迅速崛起。以北京 798 艺术区、上海名仕街为代表的艺术区为服装创意产业集群的发展提供了新的集群发展范式，即通过政府的政策引导，企业家的产业运作，艺术家的汇集，媒体的传播，创意集群可以形成先锋意识与传统情调共存的文化氛围，实验色彩与社会责任并重价值理念，经济回报与艺术体现双赢的运营效果。进入 21 世纪后，服装创意产业成为服装产业链"微笑曲线"的前端，也是创造服装品牌差异化竞争优势的重要源泉，全国各地涌现了一批具有区域特色的服装创意产业集群。就集群经营模式而言，这些集群主要分为市场诱导型、政府主导型、高端服务型、创意与工业集群并重型等几类（见表 4.1）。

表 4.1 国内服装创意产业集群类型及其经营模式

集群类型	集群代表	经营模式	发展优势
市场诱导性	广州 TIT 纺织服饰创意园	以周边完善的服装产业为依托，以市场需求为导向诱导创意企业入驻	天然的产业链优势、旺盛的市场需求将为创意集群提供持续发展的驱动力
政府主导型	绍兴中国轻纺城创意园	政府作为投资主体孵化服装创意企业	政府作为参与主体能有效保障创意产业园的硬件设施和政策保障
高端服务型	上海名仕街时尚创意产业园	与高校、科研院所合作提供高端设计创意、品牌策划	高校和科研院所能为创意集群提供充沛的创意人才，并保障创意服务的高品质和高端定位
创意与工业集群并重型	郑州女裤时尚创意产业园	以郑州女裤产业集群为依托发展女裤的创意设计产业	以产业集群为依托，创意产业与市场需求紧密结合

不难看出，服装创意产业的发展与区域经济的发展水平、城市文化底蕴以及产业集聚状况密不可分。要打造具有品牌个性和核心竞争力的创意产业集群，就必须结合当地的资源禀赋、文化底蕴、产业集

群分布和经济发展水平进行综合评估，以选择具有区域特色的服装创意产业集群发展路径。

二、江西省服装创意产业集群发展现状

"十二五"时期，江西省纺织服装产业产销总量及效益逐步提升，在全国及中部地区同行业的排位迅速前移。共青城羽绒服装产业基地、青山湖区针织服装产业基地、奉新棉纺织产业基地先后晋级为"国家级纺织特色产业基地"。从经济指标看，2014年，江西省服装产业工业增加值、主营业务收入和利税总额分别从2013年全国同行业第11位、第10位、第9位跃升至第8位、第7位、第6位，三大指标分别占全国同行业的4.4%、4.3%和4.6%。江西省已形成以服装产业为龙头，带动棉纺、针织、化纤、麻纺、丝绸产业共同发展的格局。但是，由于在服装创意、品牌设计、信息技术应用方面基础薄弱，江西省的服装产业一直存在产品附加值较低、品牌意识欠缺、信息化程度不高等问题。而且，区域经济发展水平的相对滞后影响了服装产业对高素质、高水平创意人才的吸引力。与此同时，沿海地区的服装产业因劳动力成本的上升正在逐步向内地转移，凭借毗邻珠三角和长三角的独特区位优势和劳动力充沛的人力资源优势，江西省正成为承接服装产业转移的主要地区。由此可见，江西省服装产业正面临着机遇与挑战并存的关键发展阶段。

总体而言，江西省服装创意产业集群发展存在以下问题：

1. 创新与研发能力薄弱

江西省服装企业绝大多为中小型民营企业，缺乏扶持和引导，只注重门槛较低的模仿、加工，自主研发能力欠缺，技术设备更新能力

较低,缺乏产品创新意识和品牌意识。目前普遍存在着设计、研发力量不足、CAD等服装先进适用技术应用程度不高等问题,直接制约着自有品牌的培育发展。

2. 产业配套不完整

首先,面料和印染后整理一直是江西省服装创意产业发展的短板,近几年随着新材料、新技术的进一步推广,面、辅料及印染后整理企业生产水平有了一定程度的提高,但中高档面料仍然难以满足服装企业的需求。其次,技术要求较高难度稍大的水洗、绣花要求难以满足服装企业要求,直接制约着产品档次的提升。最后,缺乏专业市场的支撑,中高档面辅料、拉链、纽扣等服装所需的附件无法就地完成采购,服装产品加工周期、企业效益均受到较大影响。

3. 缺乏发展氛围

由于江西省整体经济水平较低,服装创意产业发展起步也较板,服装设计、服装宣传、服装教育、服装模特等方面的发展比较滞后,专业人才比较缺乏,总体还没有形成良好的服装文化氛围,在一定程度上制约着产业的发展。在社会支持方面,金融机构总以为服装企业就是劳动密集型的夕阳产业,较少支持服装企业的信贷要求;同时,江西省内商场对本土品牌进驻也往往低看一眼,在进场费方面有更高的要求,使其发展氛围不够融洽。

4. 结构性矛盾仍较突出

一是产业结构仍然不够合理。江西省服装创意产业近年来虽然突出了以服装、家纺为龙头的终端产品生产,但长期形成的以棉纺为主的初加工产业仍占较大比例,粗放型增长方式尚未得到根本改善,印染后整理技术障碍难以突破,化纤功能化产品及产业用纺织品开发进展缓慢，纺织产品精、深加工能力相对较弱。2014年，江西省棉纺织业实现主营业务收入占全行业的比例仍高达28.2%。二是产品附加值偏低。产品结构中，仍存在"三多三少"现象，即常规产品多，特色产品少；粗加工产品多，精细加工产品少；技术含量低的产品多，高新技术、功能环保型产品少。三是产业集中度仍偏低。企业的生产规模普遍偏小，集中度低，缺乏大公司、大集团的支撑。

三、江西服装创意产业集群价值链形成机制

相对于经济比较发达的沿海省份，江西省各级财政的支付能力相对有限，而且，江西服装产业集群的市场辐射能力和品牌影响力不强，因此，单纯依靠政府的财政支持或市场机制的诱导均无法促进服装创意产业链的形成。笔者认为，必须构建政府主导、市场诱导、学校和科研院所共同参与的协同创新机制才能有效地推动江西省服装创意产业集群的转型升级。服装创意产业集群通过不同创新主体之间资源共享、信息交互、数据对接，可以形成具有核心竞争力的协同创新价值链。江西服装创意产业集群价值链的形成具有以下意义：

1. 可以增加企业的创新利润

协同创新可以打破原有的市场均衡，并创造出新的市场空间。由于技术创新具有外溢性，参与协同创新的政府、企业、科研机构、创意人才可以通过知识产权共享、人才流动、联合研发专利等各种方式实现市场资源的优化配置，造成创新利润的再分配，从而使不均衡的市场重新走入均衡，并迎接下一轮的技术创新。

2. 能够降低企业创新成本

协同创新可以使协作各方共享创意价值链活动，均摊创意开发成

第四章
文化创意产业集群协同创新机制的构建

和使用成本,而协同创新使企业创意产品的外部交易转化为协同创新系统的内部交易,这无疑降低了企业创新成果的交易成本。而创新成本的降低一方面可以增加企业的创新利润,另一方面给协同创新系统外部竞争对手制造了更高的行业门槛,使协同创新系统维系比较稳固的市场竞争优势。

3. 可以加快服装创意企业的市场反应速度

服装创意企业的主要产品是知识性产品,其主要特征是产品生命周期短、产品流动性强且容易被竞争对手模仿。而协同创新使服装创意企业凭借合作伙伴,快速地掌握市场信息并采取积极的知识产权保护措施。由于共享了价值链的活动,协作企业间的产品设计、创意、方法可以迅捷而高效地在企业间进行传递,在电子商务日益普及的市场环境中,唯一制约信息传递的是企业的商业保护壁垒,而协同创新使企业间的制度藩篱得以清除,企业可以更加专注于技术创新本身而不是创新利润的分配。

4. 有利于创意人才人力资本存量的提升

作为最为活跃的生产要素,创意人才既是企业创新活动的重要参与者,也是受益者。正如罗森斯坦·罗丹所言:"人力资本的回报以及工人和企业投资与培训的极力,看上去对经济中的技术变化非常敏感。在一个技术迅速变化的环境中,教育和培训的回报往往非常高。"而协同创新使"干中学""用中学"使不同企业文化、管理制度、思维方式发生碰撞和融合,能够给人力资本带来更好的创意氛围,此外,创意产品研发团队的拓展也为产品创意的升级提供了更好的客观条件。因此,协同创新可以使创意人才在"干中学""用中学"中增加人力资本知识存量,提升人力资本创新学习能力。

四、江西服装创意产业集群协同创新平台的构建

要提升服装创意产业集群的核心竞争力,就必须对集群内各种创新要素进行高效整合,使其紧跟市场与科技的发展。而服装创意产业集群协同创新平台则为各种创新主体进行创意交流、信息共享、资源整合、成果交易提供了很好的载体。协同创新平台由服装设计师、科研机构、信息服务中心、政府职能机构、媒体等相关部门构成,以服饰、时尚、创意、文化、艺术为主题,以吸引国内外时尚界著名设计师、企业、大学、科研机构、咨询公司进园发展为目标,以新产品发布、时尚设计、信息咨询、专业培训等多功能服务为纽带,集创意、艺术、文化、商业、旅游体验于一体,着力构建涵盖服装设计、研发、发布与展示的专业平台,最终成为集聚服饰创意的高端要素和引领文化时尚的全国知名的服装创意基地。具体而言,江西服装创意集群创新平台由服装创意设计中心、信息资讯中心、行政服务中心、产品发布中心组成(见图4.1)。

1. 服装创意设计中心

服装创意设计是服装产业的灵魂,服装的品牌个性和精神内涵只有通过独特的创意和设计才能得以体现。服装创意设计中心为设计师与企业搭建了一个对接平台,使企业能最大限度地挖掘设计师资源,同时行业内的知名设计师也能够通过设计中心进行设计交流、创意产品交易和信息发布。服装创意设计中心不仅对设计师网络进行了优化整合,而且为设计师提供了一个自由宽松和多重反馈学习平台。此外,服装创意设计中心还能配合服装企业进行市场调研,使企业的服装创意设计紧跟消费者需求的变化。

第四章
文化创意产业集群协同创新机制的构建

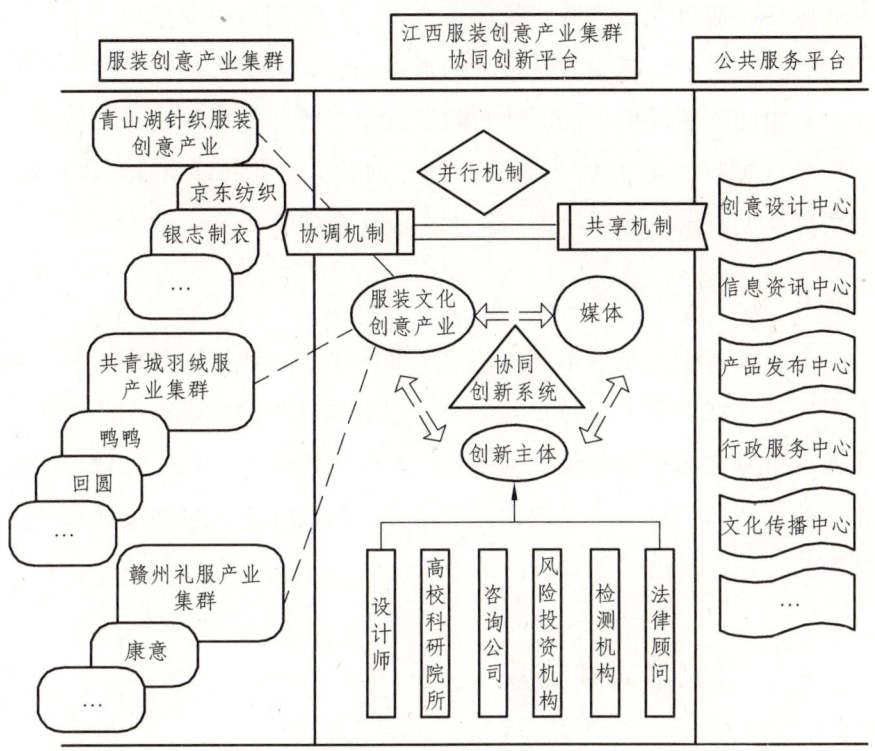

图 4.1 江西省服装创意产业集群协同创新平台

2. 信息资讯中心

服装创意设计中心的信息资讯中心建设是保障协同创新平台高效运行的基础。在网络经济时代，现代化的服装设计越来越依赖于网络设计资源，服装创意设计也逐步延伸到面料采购、物流配送、终端营销等各个环节。传统的单部门设计模式已经不适应信息纷繁复杂的知识经济时代，信息资讯中心可以积极推动服装创意产品的信息化进程，增强服装创意产业上下游价值链的合作与共享。

3. 行政服务中心

行政服务中心将为协同创新平台提供工商、税务、法律、金融等专业服务，通过深化行政审批制度改革，简化创意企业登记、审批、转让、交易手续，减少各种繁冗的前置条件，力争为创意集群营造宽松、自由的创新环境。同时，行政服务中心还应加强对小型、微型服装创意机构的扶持力度，帮助设计师和创意工作室制订项目融资计划，使集群的创意设计资源与市场需求实现有效对接。

4. 产品发布中心

产品发布中心是展示服装创意产品的平台，通过服装创意产品的有形展示，设计师可以将自己的设计理念和品牌诉求进行广泛传播。企业也可以借此平台与设计师进行面对面的沟通与交流。设计师则根据企业反馈的信息对自己的创意产品进行修改完善，从而形成一个良性沟通、相互促进的创意氛围。

五、研究结论和建议

江西省服装创意产业正处于由劳动密集型产业向知识、技术密集型产业过渡的关键时期。在此发展阶段，一方面，应积极承接东南沿海的服装加工企业的产业转移；另一方面，在大力发展服装初加工的同时，还应当积极培育企业的自主创新能力，尽力提升知识、技术、创意等生产要素对服装产业的贡献，摆脱对劳动力、土地、自然资源等初级生产要素的过度依赖。对此，本章提出以下建议：

1. 明确创意产业集群的发展定位

应依托江西省的传统优势服装产业，培育具有区域特色的服装创意产业基地。坚持"有所为，有所不为"的原则进行服装创意集群定位，打造以青山湖针织产业为核心的"针织服装创意基地"，以共青城羽绒服产业为核心的"羽绒服创意基地"，力争将上述基地打造成华中地区最具品牌价值和影响力的服装创意中心。

2. 完善服装创意产业信息共享平台

服装创意产业协同创新系统是一个动态而开放的系统，各种创意信息在系统内部和外部自由、高效地流动。产业集群应依托数字化媒介，为企业、政府、科研机构提供涵盖创意产品设计制作信息、创意人才信息、创意产品交易信息、产业政策信息的综合信息管理平台。同时，强化信息平台的技术保障和网络安全工作，使产业集群形成信息流、知识流、资金流交互流动机制和迅捷反馈机制。

3. 建立有利于文化创意产业协同创新系统良性运行的投融资机制

完善服装创意产业集群的投融资渠道，引入风险投资机制，推动银企合作，规范信用担保。优化投融资环境，一方面，加强政府对服装创意产业的财政支持力度；另一方面，合理拓展股权融资、债券融资、风险投资、夹层融资等新型融资渠道，形成面向市场的多元化投融资体系。

4. 塑造个性化的服装创意产业品牌

服装创意产业品牌是文化产业经济价值与文化价值的双重凝聚。相对于传统产业，服装创意品牌更加注重品牌的文化内涵。优质的服装创意产业品牌不仅应具有强大的商业价值，还应具备深厚的文化底蕴和品牌精神。产业集群应根据区位优势和资源禀赋制定具有前瞻性的品牌形象战略，为服装创意产业注入更多的创新意识和设计理念，确保服装创意品牌保值增值。

5. 加强服装创意人才的引进力度

在知识经济时代，人才已成为服装创意产业最为活跃的核心生产要素。创意产品主要来源于人力资本的创造性设计和变革性思维，创意人才的集聚是创意产业集聚的基础。由于创意人才通常具备较强的创新能力、较高的文化素养、敏锐的市场嗅觉以及个性化的精神特质，因此，产业集群应当努力培育宽松、自由、多元化的人文环境，制定诱发创意的人才激励机制，使服装创意人才最大限度地发挥自身的创新价值。

6. 营造有利于服装创意产业集群成长的制度和政策环境

要通过政策引导、制度创新等多种手段，大力引进、培育和孵化服装创意众创空间，鼓励发展服装创意产业的上下游企业，对其提供必要的政策扶持。促进产业引导者、政策制定者、企业、公共媒体之间的分工协作，对服装创意产业集群的政策模式与管理模式实施动态优化。同时，加强知识产权保护，建立吸纳和使用创新型人才的制度和机制。

第五章
文化创意产业知识员工绩效评估体系的构建

受益于低廉的人力成本和原材料成本，我国文化创意产品的产量和出口贸易额一直居于世界领先位置，但是品牌意识的缺乏、产品设计的趋同和供应链的低效严重地制约着我国文化创意产业的进一步发展。传统的粗放式劳动密集型经营模式已经不适应文化创意产业转型升级的要求。随着知识经济的到来，企业价值链正在由以"产品设计→原材料采购→生产制造→营销推广"为特征的单向价值链向以信息化、协同化、网络化的为特征的协同创新价值链演进。在协同创新价值链中，知识是最为核心的生产要素。知识渗透到文化创意价值链活动中不仅可以突破现有的资源约束、优化投入产出关系，还可以提升人力资本的知识存量，培育企业的自主创新能力。

作为知识的载体，知识员工承担着知识存储、知识共享、知识传播的主要功能。因此，知识员工的创新能力、工作积极性和团队协作精神对企业的创新绩效发挥着至关重要的作用。由于多年来我国文化创意产业对于产品创意设计、品牌策划、供应链管理等高附加值创新活动缺乏足够重视，这造成了企业知识员工创新能力偏弱、知识存量较低、协作意识不强。创新能力的缺乏使得知识员工在知识学习、转移、传播和共享过程中遇到较大阻力，进而降低了企业价值链的创新绩效。如何加强文化创意企业创新价值链的知识管理，提升知识员工的创新绩效，已成为企业界和学术界共同关注的课题。

现有的有关知识员工的研究主要聚焦于企业人力资本的显性知识形成、传播和共享方面的研究，而对知识员工隐性知识在价值链创新活动中的作用少有涉及，而且，现有的研究对显性知识和隐性知识之间的转化、学习和融合机制缺乏深入的探究。本章试图对文化创意产业集群的显性知识与隐性知识的构成要素进行分析，然后对显性知识与隐性知识的耦合机制的形成机理及其对创新绩效的贡献进行深入探究，最后，在实证分析的基础上，构建基于知识管理的文化创意企业知识员工创新绩效评估模型。

一、文献综述与假设

（一）创新绩效

根据所依附实体的不同属性，绩效可分为基于战略的组织绩效和基于任务的人力资本绩效两个不同的层次。根据 Darroch 的观点，组织绩效包括三方面的内容：效果，即组织满足顾客需求的程度；效率，即组织使用资源的节约程度；适应性，即组织适应未来变化的能力。而个人绩效是指一个人在组织中的业务活动对实现组织单元的目标所产生的影响。本章所研究的创新绩效是指企业知识员工在产品设计、供应链管理、生产组织、营销策划等环节的知识管理活动对组织绩效和个人绩效所产生的影响。由此可见，创新绩效是组织绩效与个人绩效的复合体，个人绩效的最终目的是组织绩效，组织绩效则要通过个人绩效来体现。

根据评估手段的不同，绩效又可以分为结果绩效和行为绩效。Dess 从工作结果的角度对绩效进行了阐述，他认为，"绩效应该定义为工作的结果，因为这些工作结果与组织的战略目标、顾客满意感及所投资金的关系最为密切"。结果绩效可以用诸如产出、职责、任务、标准、对象等词表示。Henry 则认为,"绩效是行为,应该与结果区分开,因为结果会受系统因素的影响"。具体而言,行为绩效可以表述为对核心任务的熟练程度、遵守制度的情况、表现出来的努力水平、促进他人和组织绩效的活动等。也有学者认为绩效是结果和行为的复合体。O'Leary 强调结果性指标在绩效评估中的作用,他指出"绩效指行为和结果。行为由从事工作的人表现出来,将工作任务付诸实施。行为不仅仅是结果的工具,同时也是结果,是为完成工作任务所付出的脑力和体力的结果,并且能与结果分开进行判断"。由于知识员工的行为很难被分解和量化,因此,本章拟用结果性指标衡量知识员工的创新绩效。

(二) 创新价值链

价值链概念首先由迈克尔·波特提出,他认为企业所进行的一切经营活动可以被描述为一个具有价值增值功能的价值链,价值链通过整合采购、生产、营销、行政等业务流程来控制生产成本与提升管理效率。在 20 世纪 80 年代,价值链作为创造竞争优势的分析工具被企业界广泛接纳。但是,知识经济和网络经济的到来使价值链的应用受到很大的局限,主要表现在传统的价值链强调企业内部流程的优化和排他性竞争优势的塑造,而忽略了价值链跨部门、跨职能、跨企业的协同与联盟。与单向价值链不同,协同价值链是指运用现代化信息技术将价值链内部的业务单元进行无缝集成,并与供应商、分销商、零售商、物流服务提供商等外部协作企业保持信息共享、互利共赢的价值链联盟。以服装创意产业为例,制造商与零售商共同构建的协同价值链可以将面料商、经销商、设计师、投融资机构等创新要素有机融合,并实现跨越组织边界的知识共享和协同创新(见图5.1)。

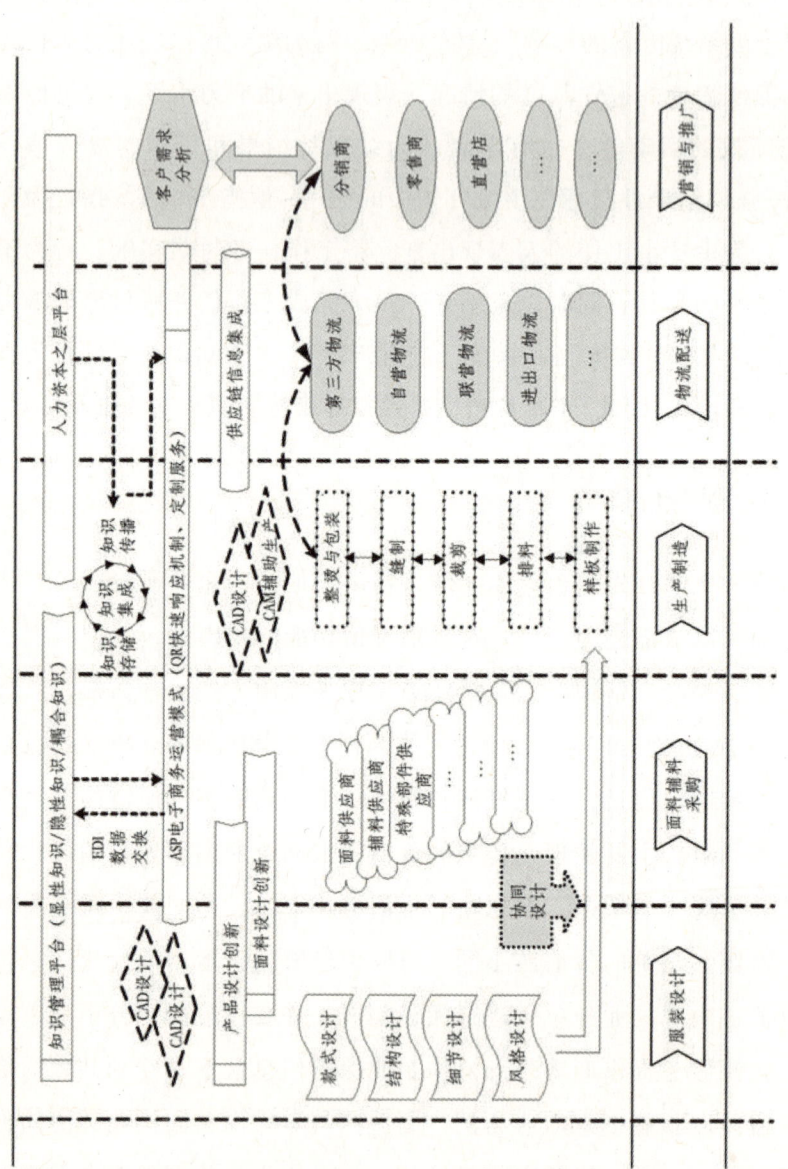

图 5.1 服装创意产业协同价值链

（三）显性知识

按照 Polany 说法，所谓显性知识是指能够用精确、正式的语言明确地表达出来，具有规范化、系统化的特点，以专利、科学发明和特殊技术等存在的知识，如产品说明书、数学公式、手册、报告等。这种知识能够正式、方便地传递和交流，且容易进行沟通与分享。Salisbury 认为，显性知识的最大优势在于其传播途径的广泛性和学习成果的外溢性。要提升知识对创新绩效的贡献率，就必须将依附于知识员工的经验、技能、诀窍进行编码化处理，使其转化为易于储存、传递和扩散的显性知识。显性知识的另一个优点是有利于组织进行团队学习和知识整合。所谓知识整合，就是根据组织的目标或特定任务，对组织的知识进行的组织、整序和关联等活动。对组织而言，知识整合不仅意味零碎知识（知识碎片）的集成，还意味着个人知识向组织知识的转化。经过优化整合的组织知识系统将有更良好的外部接口，更容易与外部知识资源互通与共享，有利于文化创意企业协同价值链对外部知识资源的利用。

（四）隐性知识

20 世纪 50 年代末，Polany 首先提出隐性知识的概念。他主要是从认知科学的方面来研究隐性知识的。他认为隐性知识是指建立在个人经验基础之上、高度个人化的、很难规范化表达出来的知识，如某种专长、市场经验、分析能力、洞察力、心智模式、工作方法和前瞻性等。Ribiere 认为："隐性知识是高度个人化的知识，有其自身的特殊意义，因此很难规范化也不易传递给他人。"Wiig 则从组织管理的角度对隐性知识进行了分析，他认为："隐性知识是指诸如工作中的标准和思维模式等更大范围的倾向性态度和不能编撰整理的思维和工作方法。"在文化创意产业创新价值链中,隐性知识是指寄寓于知识员工体内的难以规范化、难以模仿、难以交流与共享,也不易被复制或窃取,尚未编码和显性化的各种内隐性知识,如直觉、灵感、悟性、经验、个人信念、世界观、价值体系、思维方式、工作方法和诀窍等。著名的服装设计师乔治·阿玛尼经常从巴黎、米兰的街头时尚元素获取灵感,并以此作为时装设计的源泉,这种对流行时尚的直觉和感悟能力通常是塑造品牌个性的核心要素。但是,由于隐性知识主要通过知识员工的领悟、揣摩、反复试验等非正规手段获得,因此,隐性知识具有较强的内隐性和含混性,对其进行价值评估也具有相当难度。

(五)耦合知识

"耦合"是一个相对于两个或两个以上主体之间物理关系衍生而来的概念,它是指两个或两个以上的系统或运动方式之间通过各种相互作用而彼此影响而联合起来的现象或有机整合的作用过程。任何系统,其非平衡态是绝对的,平衡态是相对的、偶存的。耦合知识系统则是隐性知识和显性知识相互影响、相互渗透、相互转化而形成的复合知识系统。从知识管理的角度来看,显性知识与隐性知识之间的耦合是一个循环进行的过程。在这一循环过程中,知识不仅保留着自己的形态,而且随着这种转换的进行,不断地更新和充实,不断地增值,形成一个螺旋式上升过程。在文化创意企业创新价值链中,显性知识与隐性知识的耦合对知识员工创新能力的培育发挥着至关重要的作用。例如,尽管一些刚走出校门的服装设计专业毕业生拥有非常优秀的专业知识,但他们设计的作品却通常与市场严重脱节。究其原因,主要是这些刚毕业的大学生仅仅拥有较为系统的显性知识,但是缺乏市场嗅觉、流行趋势预测能力、时尚元素挖掘能力等隐性知识。因此,只有构建科学的耦合知识系统才能推进隐性知识的显性化、公开化和社会化进程,并有效地将显性知识内化为难以模仿的隐性知识,进而形成一个良性互动的知识共享平台。

基于以上理论,本章提出以下假设(见图5.2):

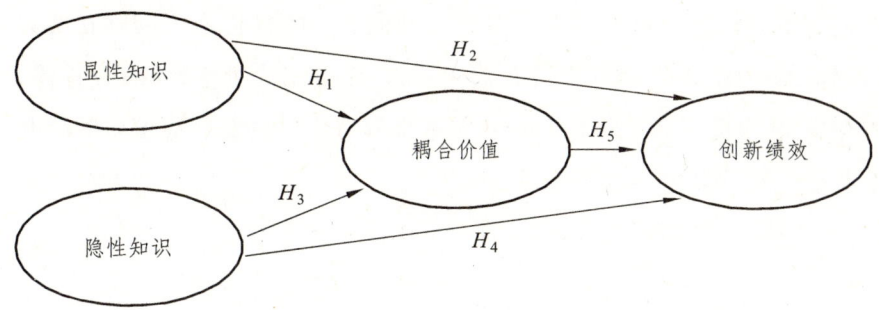

图 5.2　概念模型与假设

H_1：显性知识对耦合知识的形成有着显著的正向影响。

H_2：显性知识对知识员工创新绩效的形成有着显著的正向影响。

H_3：隐性知识对耦合知识的形成有正向影响。

H_4：隐性知识对知识员工创新绩效的形成有着显著的正向影响。

H_5：耦合知识对知识员工创新绩效的形成有着显著的正向影响。

二、研究设计

(一)样本与数据

本次调查对象主要包括江西省南昌市、九江市、新余市、赣州市等地的39家文化创意产品制造企业。被调查人员包括产品设计师、生产管理人员、营销策划人员以及零售商,共计674人。本次调查共发放调查问卷674份,回收有效问卷592份,问卷有效性达到79%。调查问卷的设计围绕三个核心问题展开:第一,知识型员工显性知识对文化创意企业组织绩效的影响是否显著;第二,知识型员工隐性知识对文化创意企业组织绩效的影响是否显著;第三,知识型员工的知识耦合系统与组织绩效之间的关系。为了提高不同专业和层次的被调查对象对调查问卷的可接受性,本次调查问卷的文字表述尽可能做到清晰、通俗和简洁。同时,为了解决有效问卷与无效问卷之间存在的非回应偏差问题。本章对592份有效问卷和82份无效问卷的做了 t 检验,所有 t 值均呈现非显著性,这表明本次调研问卷的非回应偏差问题并不严重,对后续分析影响不大。

(二)变量与测度

1. 显性知识

本章借鉴 Grant R.M.等学者的研究成果,将用基础知识、专业知识、专业技能等三项指标测度文化创意企业知识员工的显性知识,这几项指标的 Cronbach 值分别为 0.712、0.661、0.593。态度变量的二阶段因子分析结果见表 5.1。结果表明态度变量信度和效度均满足要求。

表 5.1 态度变量的信度与效度

潜变量	项目	标准化因子载荷	项目信度	复合信度(CR)	AVE
显性知识	基础知识	0.703	0.58	0.793	0.67
	专业知识	0.651	0.62		
	专业技能	0.769	0.74		
隐性知识	经验	0.815	0.63	0.756	0.51
	思维模式	0.758	0.62		
	价值观	0.672	0.67		
	诀窍	0.801	0.72		
耦合价值	—	—	—	0.842	0.69
创新绩效	任务绩效	0.742	0.81	0.93	0.72
	关系绩效	0.757	0.52		

2. 隐性知识

本章借鉴 Ouintas P.、Lefrere P、Jones 的研究成果，根据隐性知识的存在主体和存在形式，提出四类隐性知识，即经验、思维模式、创新能力和诀窍。它们的 Cronbach 值分别为 0.801、0.652、0.677 和 0.838。

3. 耦合价值

知识员工耦合价值是显性知识与隐性知识共同作用的结果。耦合价值并非显性知识与隐性知识的简单累积，而是由知识型员工的内部驱动力和外部环境的有机融合产生的复合知识。其中，知识员工的价值观、信仰、思维模式构成耦合知识形成的内生变量，而外部环境则制约着耦合知识的形成路径。

4. 创新绩效

创新绩效主要指知识员工将其显性知识与隐性知识投入到文化创意产品生产经营中所创造的经济贡献。作为结果性指标，创新绩效通常用来衡量知识员工价值应用能力和转换能力。本章借鉴 Pettigrew、Quinn 和 Ruggles 的研究成果，该成果将创新绩效分为任务绩效和关系绩效，前者指知识员工通过提供知识和服务直接贡献于组织的经济贡献，后者则是知识员工通过改变组织环境和组织关系间接影响组织绩效的活动和服务。这两项指标相结合可以更加全面地评估知识创新绩效。

（三）问卷信度与效度分析

在开始假设检验之前，我们先对指标进行了信度和效度分析。首先，我们根据项目相关度（item-to-total）分析，剔除了 item-to-total 系数小于 0.4 的指标，并根据探索性因子分析的结果剔除了具有交叉载荷的变量。接着，我们利用 Cronbach'α 系数进行了信度检验，表 5.2 中 α 系数均大于 0.7，表明指标具有很好的内部一致性。此外，我们利用 CFA 分析检验了指标的单一维度性。尽管 GFI 和 AGFI 没有高于 0.9 的理想值（GFI=0.836，AGFI = 0.691），但是其他指标检验显示了良好的拟合优度。

表 5.2　协同价值链的知识创新绩效结构方程模型的路径系数

假设与路径	路径系数	标准化路径系数	C.R.	P 值	是否支持假设
H_1：显性知识—耦合价值	0.634	0.801**	2.541	0.002	通过
H_2：显性知识—创新绩效	0.525	0.77	3.283	0.061	未通过
H_3：隐性知识—耦合价值	0.039	0.361*	4.119	0.027	通过
H_4：隐性知识—创新绩效	0.511	0.634*	1.769	0.015	通过
H_5：耦合价值—创新绩效	0.727	0.638**	3.075	0.003	通过

拟合优度指标：x^2=229.3。x^2/df=1.782，GFI=0.836，AGFI=0.691，RMSEA=0.047，CFI=0.963，NFI=0.728。注：*表示 $P<0.1$，**表示 $P<0.01$。

效度检验包括了收敛效度和判别效度两个方面。收敛效度检验包括了两个方面：首先在 CFA 检验中，每一个变量的因子载荷均为显著且都大于 0.5。其次，我们计算了每一个因子所提取的 AVE（Average Variance Extracted），除了隐性知识因子的 AVE 为 0.51 之外，其余 AVE 均大于 0.6，表明因子具有良好的收敛效度。我们采用如下的方法进行判别效度检验：① 任意选择两个因子，比较卡方变化，结果显示差异是显著的。② 检验任意两个因子之间相关系数 95% 的置信区间是否包含 1，如果不包含的话，则表明有较好的判别效度。③ 比较任意两个因子间相关系数的平方与这两个因子各自的 AVE，若 AVE 大于因子间相关系数的平方，则表明具有良好的判别效度。检验的结果符合上述要求，表明因子具有良好的效度。

三、分析结果

经过 AMOS 软件的计量分析，我们可以得出中列出结构方程模型的路径系数以及相应的 C.R.（临界）值。在结构方程模型分析中，当路径的 C.R.值大于 1.96 的参考值时，说明该路径系数在 $P=0.05$ 的水平上具有统计显著性，因此，本研究的结构方程模型中除路径 H_2 外（P=0.061），其他路径都具有显著的统计意义。

模型结果显示，H_1 的标准化路径系数为 0.801，P 值为 0.002，通过验证，这表明显性知识对耦合价值的形成有着显著的正向影响，因此，H_1 获得支持。H_2 的标准化系数为 0.77，P 值为 0.061，未通过验证，这表明显性知识很难直接影响创新绩效，而是要通过耦合价值的传递作用间接影响知识员工的工作绩效。H_3 的标准化系数为 0.361，P 值为 0.027，通过检验，这说明隐性知识对耦合价值的形成有正向影响，但显著性水平不高。而且，其标准化回归系数也不高，这说明被调查对象对隐性知识的认知程度不够。H_4 的标准化路径系数为 0.634，P 值为 0.015（P 值 > 0.05），通过检验，这说明隐性知识对创新绩效的提升发挥着重要作用。H_5 的标准化路径系数为 0.638，P 值为 0.003，且具有较高显著性水平，通过检验，这说明耦合知识能够将显性知识与隐性知识有机地融合，进而对知识员工的工作绩效产生显著影响。

四、简短结论和建议

本章主要探究了文化创意企业知识员工耦合价值的形成机理及其对组织创新绩效的深入影响，通过理论分析和实证研究，我们认为，显性知识和隐性知识相互渗透、转换、学习而形成知识员工的耦合价值，耦合价值又通过组织的知识管理系统转化为创新绩效，并推动新一轮技术创新活动有效运行。文化创意企业的竞争优势主要来源于个性化的产品设计和差异化营销策略，而拥有创新禀赋的知识型员工则是塑造个性化品牌的核心驱动力。在员工的知识存量中，因为获取方式和表现形式存在较强的同质性，显性知识很难创造出产品差异性。而涵盖灵感、悟性、经验、思维方式、诀窍的隐性知识则可以为文化创意企业在产品设计、工艺流程再造、营销策划等诸多环节创造差异化竞争优势。但是，隐性知识的模糊性和黏着性又制约了其在文化创意产业集群的传播与共享。只有构建知识员工隐性知识与显性知识之间耦合机制才能提升文化创意企业协同价值链的组织绩效以及知识型员工的个人绩效。为了对文化创意企业知识员工耦合价值进行更加科学的评估、开发和利用，本章提出以下建议：

（一）构建多元化的文化创意企业价值链知识耦合系统

知识耦合系统是由若干具有相互作用、联系、依赖和制约的子系统组成的具有特定功能的整体，它涵盖产品设计能力、技术转化率、供应链管理水平、市场应变能力、可持续发展能力等多向发展维度。在系统中，政府、企业、科研院所、行业协会共同构成科技创新的投资主体，而产品设计人才、营销策划人才、信息技术人才和供应链管理人才等知识员工则构成知识输出的参与主体。随着物质资本和人力资本在知识耦合系统中的有机结合，隐性知识和显性知识可以进行"学习—转化—提升—反馈—再学习"的多重反馈。文化创意企业知识耦合系统的创新绩效一方面取决于各投资主体的物质资本存量和人力资本的知识存量，另一方面取决于系统结构的功能和效率。因此，构建多元化的价值链知识耦合系统将有效地提升隐性知识与显性知识的相互适应性及其对技术创新绩效的影响。

（二）强化文化创意企业价值链知识耦合系统的信息化建设

无论是显性知识还是隐性知识，都具有其储存和运用上的专属性。除了在知识耦合系统内部进行的传播外，它们还要与知识耦合系统之外的创新要素进行相互学习和渗透。这就需要构建信息化的知识管理平台，充分利用专家数据库、科技数字化图书馆、局域网等信息化媒介，对科技知识进行分类、存储、编码和共享，实现不同知识耦合系统之间的数据对接。此外，知识耦合系统的信息化建设还可以依托信息系统的媒介功能，优化组织的内部流程和组织架构，使数字化知识突破传统意义上的时间、地域和组织层级的限制，促进组织架构向网络化、扁平化方向进行优化整合，从而提升文化创意企业供应链的信息服务能力。

（三）促进不同知识形态之间的相互流动和转化

知识的转化是一个循环进行的螺旋上升过程，在这一循环过程中，显性知识和隐性知识之间的流动、学习和转化，可以实现知识增值和创新绩效提升。一方面，隐性知识通过传递，在传者和受者之间形成共鸣，在知识外化过程中，个体人力资本超越自我的内心及身体界限，将自己掌握的方法、工艺流程、诀窍转化为可以流通和传播的编码型显性知识。这些个体显性知识与团队或组织融为一体后，进一步转化为组织显性知识。另一方面，显性知识在内化过程中，组织创造的新知识经过文化创意企业价值链知识耦合系统的分类、整序、关联与传播，逐渐转变知识员工的隐性知识，成为新一轮文化创意企业价值链创新的驱动力。目前，受制于分散化经营以及信息化水平较低等因素，我国中西部地区文化创意产业的知识管理水平仍处于较低水平。要提升价值链协同创新能力，就必须清除知识转移过程中的障碍，使不同形态的知识实现自由、迅捷、高效地流动。

（四）健全文化创意产业知识耦合系统的知识共享机制

就知识载体而言，显性知识所具有编码化、流程化和易于存储等特点使其传播和共享不存在技术上的障碍，但是，隐性知识挖掘、流动、转化和共享则存在较大难度。这主要表现在以下几方面：首先，隐性知识含混性和内隐性造成了其传播和共享的技术障碍。其次，隐性知识通常沉淀于人力资本个体之中，其组织化程度较低且具有很强的价值不确定性。最后，隐性知识的扩散可能会损害知识拥有者的知识产权收益，这无疑降低了人力资本进行隐性知识共享的动力。因此，应当建立完善的知识共享激励机制，鼓励隐性知识的流动、转化、共享和创新。塑造有利于知识共享的组织氛围，使知识员工更加积极参与文化创意产业协同价值链创新并创造更大的创新绩效。

第六章

文化创意产业价值链信息管理系统的构建

随着知识经济时代的到来和电子商务技术的广泛应用,文化创意产业所面临的外部环境正面临着深刻的变革。传统文化创意加工企业存在的规模小、信息化程度低、协作意识差等经营劣势已经不适应产业发展的需求。文化创意产业未来的竞争优势已不再取决于企业自身生产经营能力,而是取决于企业对价值链上下游企业的战略协同能力、资源整合能力和信息共享能力。20世纪80年代以后,零售业巨头沃尔玛与其服装供应商Seminole公司和面料生产商Milliken公司共同建立了以协同订货和数据共享为标志的快速响应(QR)机制。QR机制成功实施不仅使沃尔玛在整个价值链上节约了大量的管理成本,而且大幅提升了企业对消费者需求的反应速度。沃尔玛对价值链的有效管理使其他企业认识到:对供应商、制造商、客户等价值链成员进行跨职能、跨边界的一体化集成,可以将价值链成员的物流、信息流、资金流有机整合,提升整个的信息共享能力和运营效率。那么,在知识经济时代,如何构建功能完善、反应迅捷、无缝集成的价值链信息管理系统,进而提升文化创意产业的信息管理水平和市场应变能力呢?本章以服装产业为例,就此进行较为深入的探究。

一、文化创意产业的价值链信息管理模式的演进

（一）传统的单向价值链信息管理模式

自 20 世纪 80 年代以来，文化创意产业一直是推动我国国民经济发展的重要产业，它在满足消费者文化需求、平衡外贸收支方面发挥着重要作用。但是，由于我国文化创意产业存在着组织化程度低、品牌意识不强、产品附加值低等管理缺陷，管理水平的低下和协作意识的缺失使文化创意企业与上游的原材料、辅料供应商以及下游的分销商、零售商缺乏有效地协同与合作，使得价值链管理的模式还停留在单向物流链（见图 6.1）的较低发展阶段。在信息技术飞速发展和消费者需求日益多样化的知识经济时代，这种单向物流链已经越来越不适应价值链管理信息化、数字化、网络化的发展趋势。首先，过多的管理层级阻碍了价值链信息迅捷、流畅地传递。传统企业价值链节点单位由原料供应商、生产商、总经销商、分销商、零售店等成员组成，由于价值链管理层级较多，使消费者需求信息在沿着价值链逆向传递的过程中被不断扭曲，这种由信息失真所产生的"牛鞭效应"将极大地降低价值链信息传递的效率。其次，单向价值链的节点单位存在各自不同的组织目标，一旦各节点单位组织目标发生冲突，将加大价值链物流、信息流、资金流的交易成本。例如，文化创意产品零售商总是试图增加卖场的产品款式以满足不同消费者的差异化需求，而服装制造商却担心提供过多的产品款式会造成更大的库存积压，造成双方组织目标发生分歧。显然，单向价值链很难解决价值链成员之间的目标分歧与利益冲突。最后，面对消费者个性化需求增强和网络技术的广泛应用，单向价值链无法实现价值链节点成员的信息共享、战略协同和快速反应，也无法促进服装价值链的协同与增值。

(二) SOA 模式下的价值链集成信息管理模式

进入 21 世纪以后，网络服务技术为文化创意产业价值链管理信息化提供了强有力的技术支撑，使价值链信息管理进入了网络化和协同化的阶段。价值链信息化相关理论开始成为学术界和产业界共同关注的重要课题。Schmitz 对价值链信息平台做了描述与界定，认为价值链信息平台是价值链信息系统中非常重要的一部分，是价值链信息的管理与控制中心，认为良好的价值链信息平台运作能有效提升企业灵活性。Miller 等对多级价值链模式下的价值链信息共享策略进行了研究，并得出 SOA 模式下的价值链信息系统的协同优化模型。Kierzkowski 则以大量企业为样本，研究了价值链信息系统的应用对企业降低价值链交易费用和提升企业绩效所做的贡献。

基于文化创意产品流行周期短、消费者品牌黏合度高等特点，我们认为，应用 SOA 系统架构将有效地提升其价值链信息管理水平。SOA 系统架构是一种面向服务的软件系统架构，它将信息管理平台的不同功能单元封装成可共享服务，服务之间通过定义良好的接口和契约进行连接。由于采取了标准化的 WEB 技术协议，价值链的各个成员可以进行跨平台的信息集成和服务共享，这使 SOA 服务框架具有很强的开放性和兼容性。对于（服装）文化创意产业而言，消费者需求的个性化和价值链管理的信息化已成为产业发展的必然趋势。企业的竞争已从单纯的产品竞争转移至价值链协同能力和市场反应速度的竞争。在 SOA 服务框架下，企业的价值链通过对物流、信息流、资金流、作业流的有效控制，将原材料供应商、辅料供应商、分销商、零售商、客户整合为一体（见图 6.1），并以最快的市场反应速度、最低的库存管理成本、最高的运营效率向客户提供最优的增值服务。与传统单向价值链管理模式不同，SOA 模式下的价值链管理活动不再只局限于价值链节点企业之间的单向流程管理，而是利用现代化的信息技术使面

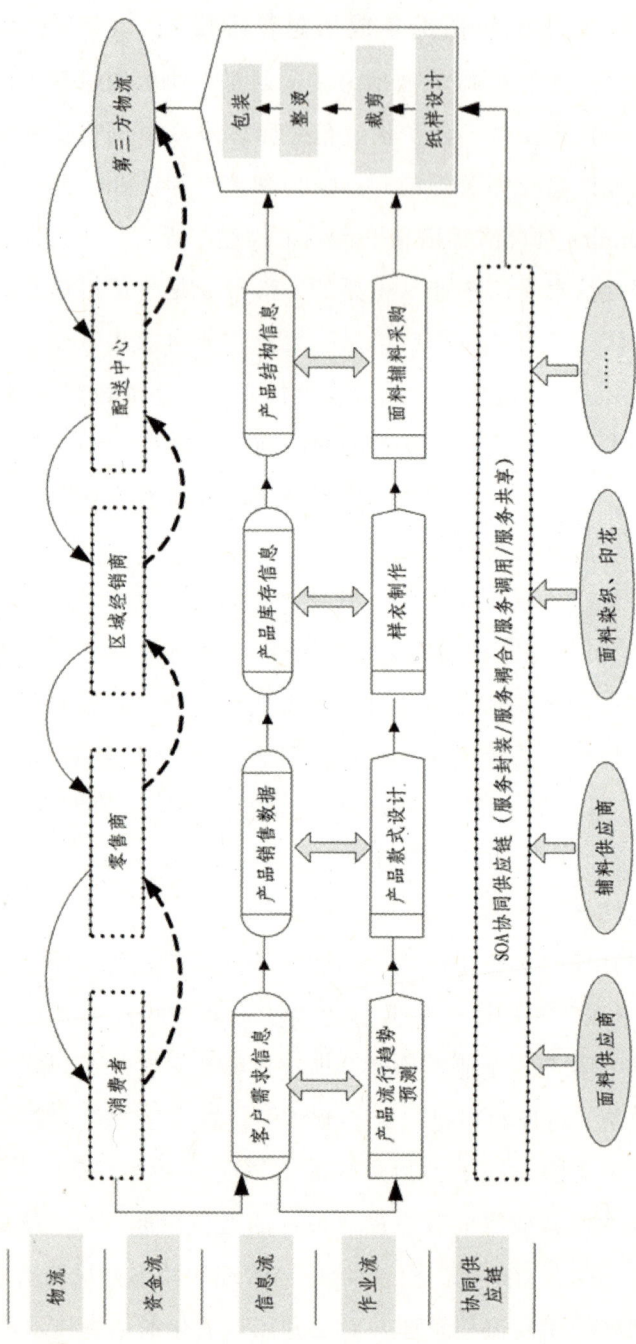

图 6.1 服装企业的价值链集成信息管理模式

料供应商、辅料供应商、制造商、零售商实现信息共享和服务耦合，进而提升文化产业集群价值链的综合竞争力。以库存管理环节为例，在传统的单向价值链管理模式下，零售商将产品的畅销、滞销信息和库存信息传递给分销商，分销商进行信息整理后再将数据传递制造商，制造商则根据汇总的库存信息进行销售数据分析并向产品供应商下达原料补充订购计划。由于信息传递路径过长，使信息扭曲和信息失真被逐级放大，很容易形成价值链信息传递的"牛鞭效应"，进而降低了文化创意产业集群价值链管理的整体效率。而 SOA 服务模式则可以凭借标准的 XML 协议和信息格式使零售商、分销商、供应商实现库存信息的同步调用和共享，这种面向服务的高度集成、动态透明的价值链模式能够对市场变化做出迅捷反应，使制造商和供应商对产品供应计划进行准确地预测和调整，从而提升价值链的服务水平和整体竞争力。

二、文化创意产业价值链集成信息管理平台构建

（一）SOA 模式下的价值链信息管理集成系统

在电子商务的技术背景下，文化创意产业需要构建信息集成、资源共享和战略协同的一体化价值链网络以适应不断变化的市场环境。而 SOA 模式则为文化创意产业提供了一种整合上下游产业资源、优化价值链流程的信息管理模式。SOA 模式的核心思想就是建立面向服务的信息管理集成系统，该系统可运用现代化的信息网络技术将价值链节点企业的物流、资金流、信息流有机地融合，并形成一个反应迅捷、适应需求、无缝集成的多层次价值链信息管理平台。具体而言，SOA 信息管理平台包括以下层次（见图 6.2）：

★ 中西部地区文化创意产业集群协同创新机制研究

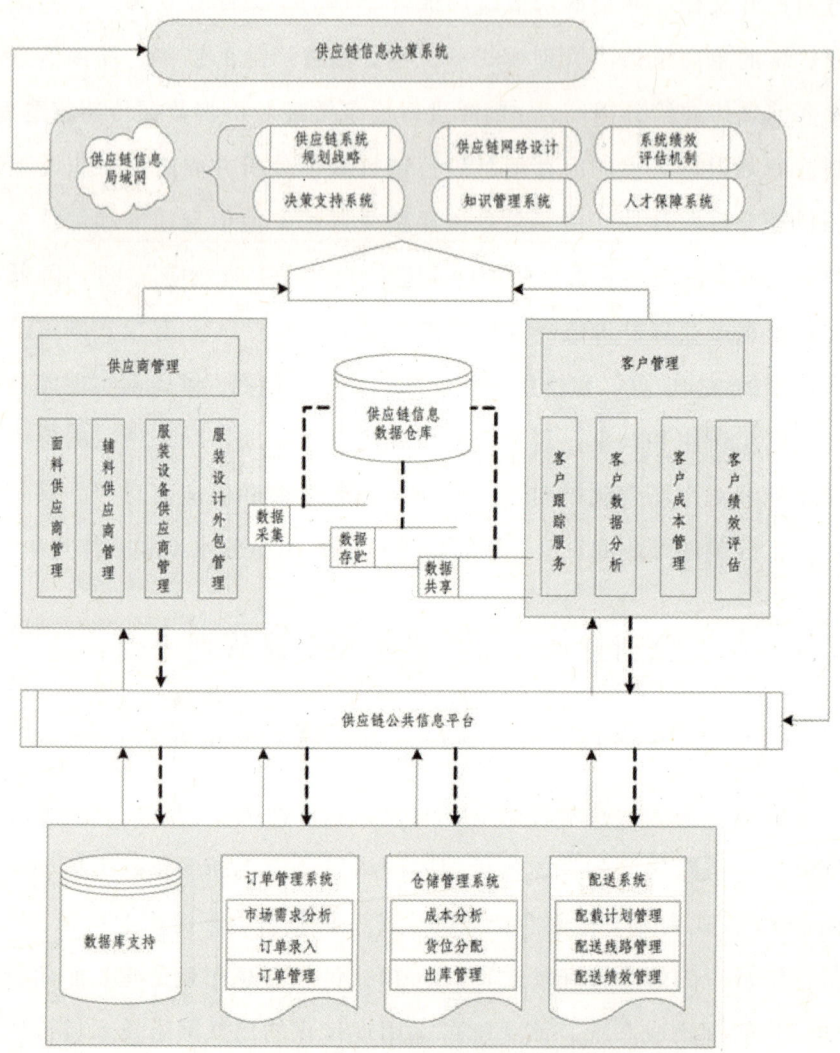

图 6.2　SOA 模式下的价值链信息管理集成系统

第六章 文化创意产业价值链信息管理系统的构建

1. 决策支持层

决策支持层是为价值链信息系统提供价值链战略规划、技术集成架构、信息服务模式的战略性价值链信息平台。决策支持层的主要功能是依据市场的需求，运用现代化信息技术，对价值链管理平台的信息服务体系进行一体化设计，为决策层者提供科学有效的战略性价值链规划。在技术层面，决策支持层需要借助于以 AGENT、GIS、WEB 为代表的信息服务技术、信息集成技术、空间信息技术、信息网络技术来实现价值链信息系统的高度集成和协同优化。此外，决策支持层面向的是开放性、分布式的网络技术环境，其服务对象不仅包括面料供应商、制造商、零售商、批发商等价值链节点企业，而且包括跨平台技术服务商、政府相关职能机构、科研院所、行业协会等价值链协同伙伴。这样就形成一个开放性、易集成、跨平台的动态价值链信息服务平台。

2. 数据单元层

数据是价值链信息管理的基础，数据内容的质量、数据传输速度、数据整合的效率决定了价值链信息系统的服务质量和应用水平。由于文化创意产业原材料供应商、辅料供应商、制造商、第三方物流服务提供商、零售商等价值链节点企业在组织形态、运营模式和技术标准方面都存在着一定差异，因此，各个业务单元的信息数据在获取来源、坐标系统、数据格式方面呈现出多源异构、多尺度、多时态的技术特征。因此，这些不同形态的价值链信息只有经过数据整合与结构改造后才能保证其相应的有效性和流畅性。数据单元层则是对价值链各个节点企业应用数据库整合而形成的价值链数据共享管理平台。该平台借助 XML、OGC、AJAX、OSF 等数据服务模式实现数据的一体化管理和无缝集成，确保多源性价值链数据的标准化融合。

3. 功能应用（或服务）层

功能应用层主要提供针对不同客户应用需求的各种价值链信息功能服务模块，这些模块涵盖订单处理、仓储管理、配送线路设计、结算管理、空间查询、辅助决策等各项服务功能。功能应用层对数据单元层实现了功能扩展和细化，它在提升价值链信息系统数据集成化水平的同时，也降低了系统的技术复杂性和实现难度，使价值链信息管理和用户需求之间保持良好的交互性。在技术层面，功能应用层对来自数据单元层的价值链信息做了进一步的数据结构转换、多尺度集成和标准化处理，这无疑提升了各功能模块的相互兼容性和服务共享能力。

（二）信息系统模块优化设计

1. 订单处理系统优化设计

与其他商品相比，文化创意产品的消费需求具有很强的季节性和周期性。当流行趋势进入销售尾季时，即使质量再好的文化创意产品也很难体现其价值。因此，满足客户需求是保障价值链物流、商流、信息流高效迅捷流通的基础和前提。在文化创意产业价值链信息管理系统中，收集、整理、传递客户需求信息主要由订单处理系统完成。高效的订单处理系统是整个信息系统优化的关键。订单处理包括订单收集、订单分类、订单审核、订单跟踪、订单反馈等流程。由于服装产品的品类较多，而且客户需求变化比较频繁。为了提升订单处理的效率，相应订单处理系统通常采用 EDI（electronic data interchange）、EOS、UPC（universal product code）等信息化技术来实现订单信息的迅捷流通和集成共享。为了缩小销售预测与实际市场需求的偏差，还需要建立能对订单进行动态调整和快速反应的有效客户响应机制，使商品生产商、批发商、零售商等价值链节点企业共享商品供求信息，从而更加及时、准确地满足客户不断变化的消费需求。

2. 仓储管理子系统优化设计

企业价值链的仓储管理子系统不仅涵盖货品的存储、分拣、包装等基本功能，而且包括最佳库存水平预测、库存结构优化以及库存信息共享等辅助性功能。在现代信息技术的支撑下，仓储管理子系统可以借助于VMI（Vendor Managed Inventory）管理模式，按照供应商、零售商、分销商的实际库存消耗趋势共同制定补货策略。在VMI模式下，供应商与零售商、分销商都变革了传统的独立库存预测模式，最大限度地减少了预测不确定性，降低了价值链运营总成本。由于文化创意产业的原材料、辅料供应商与零售商数目众多且平均规模不大，因此，采用VMI模式能够使众多小型供应商的物流需求形成集聚效应，实现了价值链信息系统的共享与集成。同时，VMI模式可以使供应商与分销商之间的商品供求信息更加匹配，避免了因市场环境变化所造成的产品积压，提升了价值链信息系统的柔性。需要指出的是，采用VMI模式意味着零售商将库存管理权力部分移交给商品供应商或其他零售商，所以如何保障信息的安全成为VMI模式高效运行的关键。此外，文化创意产业价值链库存补充的高频率和连续性对信息技术的支撑能力提出了更高要求。要解决上述问题，应强化对系统组件的"服务封装"，使价值链系统信息具有良好的透明性和扩展性。同时，应完善价值链信息安全契约机制，确保库存与营销信息在价值链节点企业之间安全地交流和反馈。

3. 配送子系统协同优化设计

物流配送是价值链中将物流、商流、信息流从供应商环节向零售商环节转移、传递的阶段。物流配送不仅实现了商品的空间转移，更重要的是，物流配送直接将价值链信息延伸至终端消费者，通过对商品的包装、运输、装卸、送递实现客户体验的增值。配送信息子系统则是对配送中心选址、配送节点分布、配送线路设计进行信息化和一体化处理的集成模块。它主要解决两大问题：一是"配"，即运用物流空间信息技术和现代运筹学理论对配送中心的选址与分布进行规划；二是"送"，即运用现代智能优化算法对配送线路进行优化设计。在技术层面，配送信息系统借助于 GIS、RFID 等物流空间信息技术、信息识别技术、编码技术、物联网技术，获取运输工具的地理位置、运行方向和装载容量等各种状态信息，并实现对运输车辆的分层次调度、跟踪和反馈功能。针对文化创意产品高频率、小批次和客户分布分散的特点，企业可以采取分级层次性网络的配送线路规划。即按照客户的地理分布特点设置多层级区域配送中心，将总部的配送权限逐级下放至下级区域配送中心，这样可以将总部配送中心的职能从分拣补货、车辆调度、财务结算等烦琐的日常程序中解脱出来，将精力集中于配送中心选址、配送线路规划、配送信息集成、运载工具监控等战略性物流规划上来，从而提升价值链配送系统的整体竞争力。为了保障多层级区域配送中心的高效运行，我们可以采用基于空间特征的 VRP 求解思想对可选择路径集合的最小化运输成本、最大化服务域、最小客户等待时间等指标进行计算，并得出最优化配送路径。

三、信息集成管理系统的 IT 架构

文化创意产业价值链信息平台是一个基于 Web 服务技术的分布式计算机网络平台。它要通过一系列标准的 XML 协议以及 UDDI 集成规范来保证服务组件之间的动态链接和协同规范。考虑到系统的技术扩展性需求，可以对价值链信息系统的决策层、数据单元层、功能应用

第六章
文化创意产业价值链信息管理系统的构建

层进行分层设计。在每个层面，为达到负载均衡的目的，服务器的数量和分布可以按需扩展。各层服务器之间可以采取双机热备、异地备援等备援方式防止系统故障发生。为了实现价值链信息的安全性，可以通过信息访问权限的设定来增强信息系统的安全系数。

为了提升价值链信息系统兼容性和数据调用规范性，信息平台的IT整合架构则采用基于C/S架构的分层设计（见图6.3）。第一层为客户信息表示层。该层主要在终端服务器接受客户以指定的标准定位符提出的服务申请，并用XML协议将信息数据传递给客户。由于采用了SOAP协议对客户识别信息进行绑定，排除了客户信息泄露风险，从而保障了系统的完好封装性。第二层为数据挖掘层。该层主要通过信息平台的后端服务器对数据的分类、排序、筛选和去冗，将繁杂而无序的数据信息转化为具有应用价值的结构化数据。数据挖掘层还可以通过Clementine、Intelligent Miner等数据挖掘软件将孤立的信息子系统有机地连接起来，形成一个数据共享和集成的松散耦合信息平台。第三层为业务分析监控层。该层在数据挖掘的基础层上对各个子系统的业务流程进行全面监控和综合分析，对数据访问和调用过程中存在的技术问题实施动态反馈，并及时进行故障修复和技术改进，以保持信息系统对外部环境的适应能力。

在数据集成模式上，价值链信息平台可以采用支持SOAP协议的AJAX技术提升系统信息的访问与调用效率。AJAX技术通过对价值链空间数据的集成调用实现价值链信息的服务交互。由于AJAX技术以异步方式使系统用户在信息服务调用过程中"按需取数据"，将信息系统单元数据的发布、访问、调用等功能进行标准化封装，对不同层级的用户提供直接访问的数据接口，这无疑减少了数据读取量和调用时间，降低了信息服务的使用成本，提升了用户体验水平。

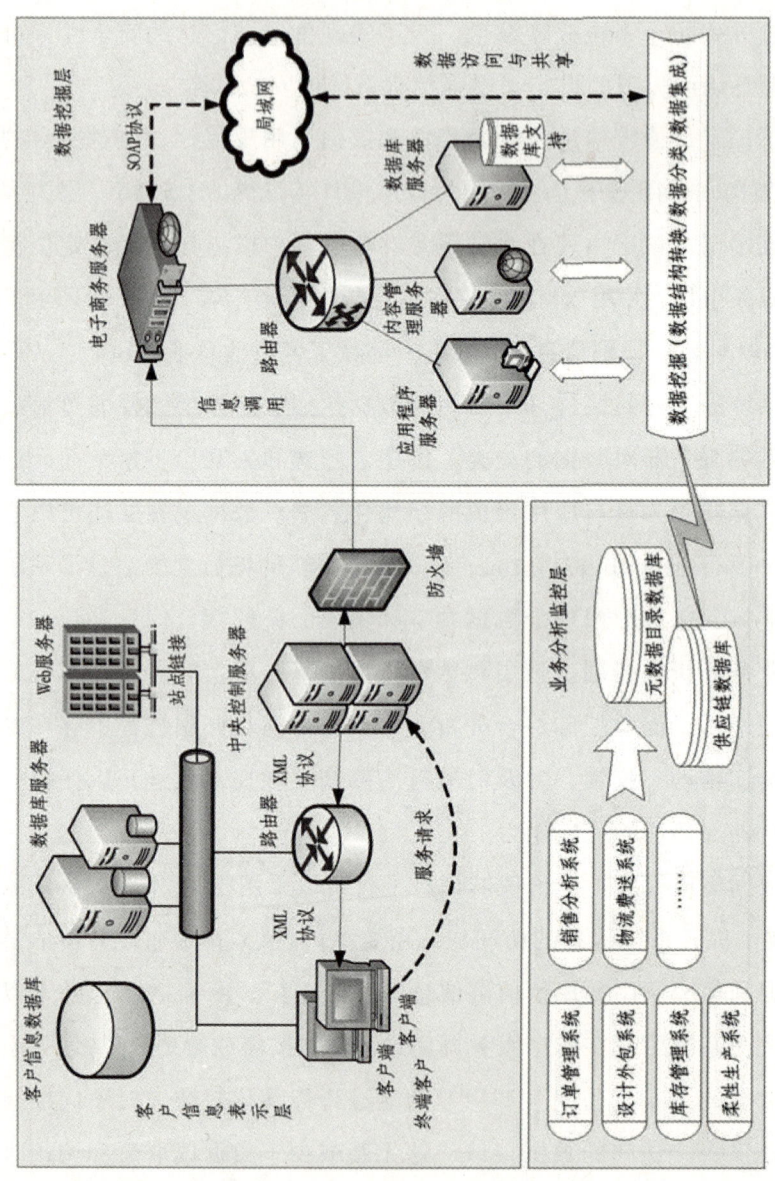

图 6.3 基于 Web 服务技术的价值链信息管理 IT 架构

四、简短结论和建议

在网络经济时代，文化创意产业的竞争已逐渐从产品竞争转向品牌竞争、服务竞争和市场反应速度竞争。SOA 架构为文化创意产业提供了一种集成数据服务和应用服务的价值链信息管理模式，使文化创意产业集群能够实现价值链数据集成和异步调用，进而降低价值链信息管理成本、提升价值链的市场竞争力。本章通过对不同发展阶段的价值链信息模式的进行对比分析，认为基于 SOA 模式下的价值链信息管理模式可以促进价值链成员之间的战略协同和信息共享，为了提升实施 SOA 模式下的价值链信息管理系统的运营效率，本章提出以下建议：

1. 构建高度集成的多元化价值链信息管理平台

建立由企业、供应商、经销商、政府、科研院所、中介机构为主体的多元化价值链信息管理平台，为价值链节点企业和协作伙伴提供松散耦合、协同共享信息载体。根据文化创意产品客户黏合性强、市场需求变化快、价值链节点分布广等特点，强化针对供应商、零售商、分销商的应用托管功能，使分布在各个价值链节点的服务需求者能实现对价值链信息的实时访问和动态调用。此外，还要加强与政府部门"电子政务系统"的信息对接，满足出口型文化创意企业对网上报关、报检、报税、结算等的公共服务需求。

2. 促进文化创意产业价值链信息管理的标准化和规范化

价值链信息标准化是衡量价值链信息化水平的重要指标之一。由于文化创意企业价值链信息数据具有多源异构、多尺度、多时空等特征，如果不进行数据的标准化和规范化处理，就会造成价值链信息系统的集成度低、关联性差，无法获得交互共享的数据接口。因此，应运用国际通用标准对跨区域、多元、多尺度的信息数据进行标准化改造和功能整合，消除价值链数据在存储格式、分类代码、拓扑结构等方面的差异。应加强对文化创意产品销售数据的录入、传递和存储工作的规范化管理，实现 Web 环境下分布式价值链信息数据的透明访问和集成共享。

3. 积极推广物联网技术在价值链信息管理方面的应用

利用物联网的标识技术、传感技术、嵌入技术对服装产品的订购、存储、配送等各个环节实施跟踪监控和预测分析，将文化创意产品的市场营销、库存成本、配送周期等价值链信息进行有效整合，从而实现对整个价值链信息资源的优化配置。物联网的互联互通功能还可以提升价值链信息管理的智能化水平，降低价值链数据传递和调用成本，并为管理者提供更加智慧、快捷、高效的价值链信息增值服务。

4. 强化价值链信息系统绩效评估

为了确保文化创意产业价值链信息管理系统的服务水平，需要对信息系统的运营效率和绩效进行系统的评估。评估的内容包括订单响应速度、订单完成率、库存容积利用率、配送到达率、信息系统故障率、信息系统维护成本等各项指标。通过绩效评估可以找出信息系统运行状况和系统目标的差距，及时发现信息系统存在的问题，对系统设计进行有针对性的调整和改进，从而保障服装价值链信息管理系统的先进性、可靠性和可扩展性。

5. 建立价值链信息技术人才的长效培养机制

专业人才的引进与培养是文化创意产业价值链信息技术的应用与推广的关键。作为一种新兴技术，价值链信息技术正处于日新月异的快速发展之中。因此，必须加强对现有价值链信息专业人才的人力资本投资力度，通过教育、在职培训等，提升专业人才的技术创新能力和应用能力。另外，要加强人才的引进力度，吸引更多的优秀专业技术人才参与文化创意产业价值链信息系统的建设。同时，应建立健全信息技术人才的激励机制、流动机制和绩效管理机制，使价值链信息技术人才"引得进、留得住、用得好"。

第七章
文化创意产业园区协同创新系统的优化路径
——以重庆市为例

近些年来,在各级政府、企业、高校、媒体等创新主体的共同推动下,各地的文化创意产业园区如雨后春笋般发展起来。文化创意园区使资本、土地、技术、人才等生产要素在一定区域空间进行集聚,促进了信息传播、知识共享和创新协同,对提升区域创新能力发挥了巨大作用。但文化创意园区在繁荣发展的同时也暴露出了一些问题:一是部分文化创意园区存在重硬件建设、轻项目运营现象,导致文化创意产业园区异化为商业地产项目;二是大多数文化创意园区的规划主要由政府主导驱动,缺乏市场诱导机制,园区创新要素的内生动力不足;三是不少园区定位趋同、缺乏特色,重复建设现象比较严重。那么,如何才能发挥文化创意园区的产业聚集效应,使其成为创新要素的集聚载体、产业链的融合空间和知识共享的平台呢?本章认为,只有建立科学的文化创意园区创新力评估体系,才能激发园区的内生性创新驱动力,提升园区的可持续发展能力。本章将研究空间聚焦于重庆市文化创意产业园区,力图探究如何构建多元化的协同创新力的评估体系,实现文化创意园区的绩效管理动态化、创新要素集聚化、创新空间网络化和创新机制协同化。

一、文献述评

文化创意产业概念来源于英语的"creative industries"和"cultural

第七章
文化创意产业园区协同创新系统的优化路径

industries"。联合国教科文组织在蒙特利尔会议上将文化创意产业定义为:"按照工业标准生产、转化、存储和传播文化产品和服务的一系列活动文化。"20世纪90年代,被誉为"创意产业之父"的英国学者约翰·霍金斯从产业经济学的角度阐述了创意产业的概念。他指出:"创意产业就是其产品都在知识产权保护范围的经济部门。"约翰·哈特利认为创意产业不仅仅是一个理论概念,它是普通大众可以参与知识共享和技术创新,并自发形成一个开放性的区域创新系统,查理斯·兰德里研究了创意产业对城市规划和区域文化的影响,他认为每个城市都可以结合自身的区域文化和产业基础规划文化产业的发展路径,并提升城市的综合竞争力。Scott则从供给和需求两方面分析了文化创意园区产生的原因。他指出,具有创新能力的中小企业更倾向于聚集在一定的区域空间实现知识的交流和共享,创意产品的消费者也倾向于在创意园区寻求更具规模效应的销售网络。Hilary认为创意园区可以实现文化的自由、资源的集聚和管理的集约,是文化创意产业的发展趋势。

　　国内学者更倾向于从产业经济学的角度分析文化创意园区的发展模式。刘弈、马胜杰按运营机制将文化创园区分为"自发形成的市场导向模式"和"政策扶持的政府主导模式",并对两种模式的创新主体、管理机制和发展路径进行了比较分析。陈秋玲、吴艳以生物学中共生关系的视角探讨了文化创意产业集群内部、创意产业集群与区域经济发展之间的共生关系。王发明则通过对文化创意园区空间组织和创新业态演化的分析,探究了企业创造的隐性知识在创意产业园区进行编码、传播、共享,并最终成为集群内部的共性知识的流程和模式。张梅青、万淘运用复杂适应性理论论证了"创意产业集群具有模块化肌群组织特征",他认为只有根据创意产业集群的产业特征、创新主体和运营机制进行分类才能有效地发挥产业集群的溢出效应和关联效应,成为集聚区域创新要素的开放式平台。王重远对创意产业集群与城市规划之间的相互依存关系进行论述研究，他认为文化创意产业集群是城市生态网络系统的组成部分，文化创意园区的设计应与城市整体规划相协调。

对比国内外文献，不难看出，国外文献倾向于从创意产业的构成要素进行分析，研究重点聚焦于创新要素之间的内在关系；国内文献更加侧重于研究创意产业集群的形成机制与创新机制。国内外文化产业方面的研究对于文化创意产业与区域经济增长的关系关注较少，在区域文化与文化产业的融合机制方面的研究也比较缺乏。

二、文化创意园区运营机理

文化创意园区是不同创新要素聚合的特定空间。与传统工业园区不同，文化创意园区的诸多创新要素中，既有土地、厂房、设备、人员等有形资产，也有知识、技术、创意、文化等无形资产。不同业态的创新要素相互渗透、协同共享，形成一个多元化、交互性和开放性的区域创新平台。在平台中，政府、企业、媒体、投资机构、创业者均根据自身的角色定位发挥着不同系统的创新驱动作用。文化创意园区的重要目标就是将不同类型的创新主体的个体创新行为耦合为团队创新行为，形成创新平台的聚合力。在内部运营方面，文化创意园区的各创新主体通过信息反馈、绩效管理、利益协调、创新激励对园区创新系统施加影响，共同构建文化创意园区整体运营机制。在园区创新系统中，各创新主体承担功能如下：

（一）政府的政策引导功能

文化创意产业的主要产品是创意、知识和技术，这些无形产品都具有研发周期长、价值难以计量、投资风险大等特点。特别是在文化

第七章
文化创意产业园区协同创新系统的优化路径

创意产业的孵化期，文化创意产品与市场对接难度较大，投资回报的滞后和收益的不确定，使文化创意产业对投资机构的吸引力有限。只有通过政府的引导、推介和扶持才能激发文化创意产业的发展源动力。政府在发挥其政策叠加作用和引导作用的同时，需要避免陷入两个误区：一是文化创意产业对政策的严重依赖性。政策的引导作用只适用于文化创意产业发展的种子期和孵化期，到了产业发展的成长期和成熟期，文化创意产业需要摆脱政策的扶持去主动寻觅市场机会。市场不仅可以提供可持续的发展动力，还能促进相应企业不断根据消费者需求调整文化创意企业的产品定位、研发模式和营销手段，使文化创意产品更加贴近消费者偏好。二是文化创意产业政策的不稳定性。文化创意产业政策的制定应当遵循产业发展的规律，能够在产业发展的不同阶段均能发挥其引导和激励作用。目前部分文化创意产业的政策制定具有较强的短视性和功利性，区域经济增长的波动和部分地方政府领导层的更替都可能导致文化创意产业政策的变化甚至中断，这将严重弱化政策的引导功能。

（二）企业的创新驱动功能

作为创新成果的制造者和创新行为的组织者，企业才是创意园区的创新主体。园区为企业提供知识共享的平台和团队学习的空间，企业在利益的诱导下进行产品研发和市场开拓，为消费者提供革新性的产品和服务，并获得再次创新的利润。与传统工业园区不同，文化创意园区内企业集聚程度更高、企业之间信息交互性更强、创新成果共享程度更高，这种创意产业集群更像一个无边界、高度耦合的区域创新网络，而文化创意产业集群的创新驱动力、团队学习能力、知识共享力则是提升园区创新能力的重要引擎。

（三）园区的公共服务功能

创意园区的公共服务功能包括法律咨询、投融资服务、会计税收工商服务、公共信息平台服务、IT 服务器租赁服务等。完善的公共服务能够降低管理成本、提升管理效率，使文化创意企业摆脱行政事务的干扰，专注于产品研发和服务创新，保持企业的创新活力。良好的公共服务还能增强园区吸纳产业集群的向心力，使更多的文化企业集聚于园区，形成区域创新网络的规模效应。

（四）创新人才的知识共享功能

卡内基梅隆大学教授 Florida 在其著作《创意阶层的兴起》一书中对创意人才的概念进行了阐述。他指出，创意人才是指从事提出新观念，创造新技术和发明新产品的人才，创意阶层的兴起已成为文化产业集聚的核心动力。在文化创意园区内，技术创新人才、设计创新人才、管理创新人才、营销创新人才并非独立地开展科技创新活动，而是相互学习、知识共享，并形成学科交叉、团队创新的协同创新能力。

三、案例分析——重庆文化创意产业园区的协同创新机制

（一）重庆文化创意产业园区概况

重庆是长江上游地区的经济中心、金融中心和创新中心，是西部地区门户城市和西南地区最大的工商业城市，也是国家实施西部大开发和长江经济带西部地区的核心增长极。重庆发展文化创意产业具有得天独厚的区位优势：历史悠久的巴渝历史文化、武陵山少数民族文化、乌江流域文化皆诞生于重庆。21 世纪以来，与重庆主导产业相配

第七章 文化创意产业园区协同创新系统的优化路径

套的文化创意产业也取得了长足发展。2015 年，重庆市文化产业增加值达 540.48 亿元，位列西部第 3 位、全国第 14 位。重庆市文化产业在政策引导下加速集聚化发展，截至目前已有 3 家集聚类基地创建为国家级文化产业示范基地，1 家创建为国家数字出版基地，10 家园区和 4 家集聚类基地被评选为市级文化产业示范园区和基地，呈现出良好的发展势头。

在文化产业规划方面，重庆市坚持"扎根文化、修旧复新、科技引导、产业带动"的发展理念，对文化产业园区进行重新定位和规划，使一些具有历史印记的老厂房、旧建筑重新焕发出新的生命力。已建成的 N18 文创园、黄桷坪艺术园区、喵儿石文创园、501 艺术基地，以及在建的京渝国学文创园、金山意库、枇杷山后街影视文创园、长安 1862、沙磁文创园等，均合理利用城市中闲置的厂房、仓库、老建筑等进行改造修缮，形成了区域文化、科技创意和主导产业有机融合的创新空间。

（二）重庆文化创意产业园区存在问题及成因

尽管重庆市文化创意产业持续快速发展，但是也面临一些问题。一是产业规模不大，区域辐射能力有限，特别是在国内有影响、有品牌、孵化能力强的大型文化创意园区数量很少。二是重复建设较多，部分园区投资方一哄而上，模仿跟进者多，自主创新者少。三是创意人才匮乏，创新驱动能力弱化。四是盈利状况不佳，自我造血能力较弱，可持续发展能力不足。造成这些问题的原因主要有以下几点：

1. 文化创意产业园区定位模糊，缺乏差异化竞争优势

重庆市文化产业园区在成立初期普遍缺乏产业定位和中长期战略规划。部分文化产园区投资商只是想借助"文化产业"的概念获得更多的政策支持,缺乏文化产业的内涵,这种急功近利的做法使部分文化产业园区内容空心化,甚至异化为商业地产项目。

2. 文化创意园区的产业集聚度低,缺乏产业协作和要素共享

除了磁器口古镇园区、黄角坪艺术园区、"虎溪公社"艺术园区等特色产业园区形成了一定程度的产业集聚外,其余的多数文化产业园区项目单一、资源分散、信息不畅,缺乏产业链的纵向一体化协作,更难以形成产业集聚、协同创新的良好态势。

3. 盈利能力偏弱,可持续发展能力不足

由于入驻产业园区企业规模普遍偏小,缺乏龙头企业带动,不少企业在产品研发、生产、推广的产业链中缺乏与市场需求的有效对接,导致企业产品销售不畅、盈利状况堪忧。这严重影响了企业的可持续发展。

4. 文化创意产业园区运营机制弱化,对创意人才缺乏吸引力

部分重庆文化创意产业园的管理机制不够健全,很难为创意人才提供他们所需要的信息交流、会计、项目融资、法律咨询、市场推广等方面的公共服务,多数园区只承担着"房东"角色,加之创意人才从事产品研发的积极性不高,导致园区企业人才流失严重,创新驱动力不足。

四、提升重庆文化产业园区竞争力对策建议

(一) 优化重庆市文化产业的区域布局,明确重庆文化产业园区的产业定位

重庆市资源禀赋、产业基础、区域定位不同,应当选择与区域主

导产业耦合度高的文化产业进行重点培育。重庆应重点培育文化传媒、时尚创意和软件设计等高附加值文化产业；城市发展新区应重点培育与制造业密切相关的广告印刷、工业设计等文化产业；渝东北生态涵养发展区与渝东南生态保护发展区应重点发展旅游文化产业和民俗传统手工艺产业。这样才能最大限度地发挥重庆市的区位优势，提升文化产业园区的综合竞争力。

（二）塑造文化产业园区品牌，丰富文化产品系列

应推进文化产业园区品牌建设进程，重点打造具有重庆特色的文化产品。例如，文化产业与旅游产业相结合，可以打造走马古镇驿道文化、龚滩古镇建筑文化、双江古镇宗祠文化等旅游产品；文化产业与传统工艺品结合，可以开发大足石刻、乌木雕刻、手工渝绣等工艺品；加强文化产业与"互联网+"结合，可以打造"花果云""虎溪公社"等移动互联网创新平台。通过文化产业与区域主导产业的深度融合，可以延伸完善文化产业链，将文化产业的内容优势转化为产业优势。

（三）构建产学研协同创新体系，增强创新驱动力

文化创意产业园区是一个开放式的创新平台，如果仅仅依靠企业承担科技研发、产品创新的功能，将极大地限制产业园区的创新动力。因为面对竞争日益激烈的市场环境，企业更加倾向于从事"短、平、快"的渐进性的产品创新。只有将高校、科研院所、创客、政府、媒体的创新资源进行有机整合，才能形成多元化的创新主体，从而可以采取变革性创新、网络化创新、拓扑创新等多种创新方式，形成文化创意园区政、产、学、研协同创新的良好态势。

（四）建立文化产业园区准入机制，规避产业空心化风险

应当设定文化产业园区的进入门槛，使真正具有新理念、新产品、新技术、新工艺的创新型企业入驻园区，避免部分商业地产企业借用文化产业名义套取优惠政策。因此，设立文化产业园区准入机制已势在必行。各文化产业园区可以从企业创新能力、市场潜力、盈利能力、文化产品特色等维度构建文化产业竞争力评估体系，对园区企业实行动态跟踪、汰劣扶优，确保文化产业园区的创新活力和开拓精神。

第八章
创意产业集群对生态文明城市建设的影响
——以重庆为例

党的十八大正式将"生态文明建设"纳入国家总体发展战略，并提出将生态文明建设融入经济、政治、文化、社会建设各方面和全过程。在城市的发展进程中，生态文明也逐渐成为衡量一个城市发展水平的核心指标。20世纪80年代改革开放以来，工业化和城镇化建设的推进使城市的基础建设、经济发展、社会保障均有明显提升，但是环境污染加剧、土地开发过度、自然资源枯竭等问题也接踵而至，所以，如何在保障经济增长的同时，提升城市的生态文明水平，已成为社会共同关注的问题。

一、生态文明城市的内涵

城市是人类文明的聚集区，也是人、自然、产业等多种形态的高度融合区。随着工业化和城镇化进程的推进，人类对自然资源的过度利用使很多城市的生态环境遭到严重破坏。针对这一现状，生态文明城市的概念应运而生。生态文明城市是指城市在发展过程中，以人、自然、社会的和谐共处为理念，以城市可持续发展为目标，以经济、生态、社会、文化共同繁荣为标志的现代城市发展业态。其主要特征如下：

（一）城市产业生态化

城市产业生态化强调在经济生产中最大限度地减少废水、废气和烟尘排放，大力发展低碳产业和循环经济，提高资源的利用效率。产业生态化的另一个标志是低污染、低能耗、高科技产业的广泛应用，以及高能耗、高污染等落后产能的逐步退出。从运营机理层面看，产业生态化就是将经济活动组织成一个"资源—产品—再生资源"的闭式反馈链，实现产业的集约化和生态化。

（二）城市自然环境生态化

生态文明城市应该是结构合理、功能高效、关系协调的城市生态系统。结构合理是指合理的土地利用、完善的基础设施、适度的人口规模；功能高效是指资源优化配置、人力资源潜能充分发挥、物质资本高效投入和环境质量持续良好；关系协调是指人类社会和自然界的和谐融洽，人类对大自然的充分保护和适度开发。

（三）城市社会环境生态化

城市生态文明不仅体现在自然环境的生态化方面，而且体现在社会环境的和谐繁荣方面。城市社会环境生态化主要表现在三个层面：首先是文化理念的生态化，即把生态文明思想纳入社会主义价值观体系，增强全社会绿色发展意识；其次是倡导绿色生活方式，引导人们的社会行为符合生态文明标准，努力建成资源节约型和环境友好型社会；三是以建设智慧城市为抓手，全面提升城市治理的智能化水平，使生态文明融入到城市建设与治理的各个环节。

二、创意产业集群对城市生态文明建设的影响

(一) 推动经济增长

创意产业集群的发展将推动经济增长,实现经济发展模式的生态化。创意产业主要由创意设计、数字动漫、智能制造设计、服务咨询、信息产业等新兴产业构成,其吸纳就业能力强,对经济增长贡献大。创意产业还可以从微观层面优化区域经济结构,提高第三产业在经济总量中的比重。在我国经济较发达的地区,劳动密集型的传统制造业在经济发展中的作用正在逐渐减弱,而创意产业已经成为驱动区域经济增长的新引擎。

(二) 培育创新动能

创意产业是技术演进和变革的结果,是新技术、新创意、新工艺与新模式的融合。创意产业因其具有高端的创新理念和精神,在产业链中处于主导地位。创意产业集群的涌现,能够促进人才、信息、技术在一定空间积聚,并产生知识共享和团队学习效应。此外,创意产业和传统产业的深度融合能够对传统产业进行流程再造和技术升级,健全完善区域创新体系。

(三) 培育创新文化

创意产业不仅是推动经济增长的引擎,而且是彰显区域文化的重要抓手。创意产业代表着高知识含量的科技成果,其技术附加值高,创新驱动力强,能够形成影响力强的文化创意品牌。同时,以众创空间为代表的创意产业集群分布在城市的各个社区、街道,能够吸纳更多的创意人才从事创新、创业活动,有助于培育城市的创新文化,提

升城市居民创新意识，推进社会生态文明的进程。

（四）促进低碳循环经济发展

创意产业集群的核心生产要素是知识、技术、信息等无形资产，这些隐性知识渗透于产业链的各个环节而使其增值。与传统产业不同，创意产业对矿产、原材料、能源消耗很少，呈现出内生经济增长的规模递增效应，可以摆脱对自然资源的过度依赖。因此，创意产业是环境友好型的可持续发展产业，能够有效提升城市生态文明水平。

三、案例分析——重庆创意产业集群与生态文明建设的相互协调关系

（一）重庆生态文明建设现状

1. 生态保护与建设初见成效

"十二五"期间，重庆市积极推进重点生态建设、石漠化治理、水生态修复、生物多样性等生态保护与建设工程，新增森林面积963万亩，森林蓄积量达到1.97亿立方米，森林覆盖率达到45%，累计治理水土流失面积8560平方公里，全市建成各级各类自然保护区58个。此外，重庆市城市公园建设取得突破性进展，新建了一批大型综合公园、社区公园、专类公园和带状公园，并探索性地开展国家水生态文明城市和低碳城市试点，建成5个市级生态县和一批生态乡镇、生态村。

2. 环境质量持续优化

在"三去一降"的供给侧改革思路下，重庆市严格执行产业禁投

清单，大力淘汰高污染、高能耗产业，积极发展战略性新兴产业，在产业结构优化的同时，空气、水、土壤质量得到大幅改善。2016年重庆市城区空气质量优良天数超过300天，二氧化硫、可吸入颗粒物（PM10）年均浓度分别较2015年下降66.7%、14.7%，空气污染问题得到初步解决。在水源质量方面，全市地表水水质良好，长江干流水质优级时间超过290天，集中式饮用水水源地水质良好，三峡库区水环境保持稳定。城区56个湖库污染整治工作全部完成，整体环境质量均位于全国前列。

3. 生态环境安全保障体系进一步夯实

为了深入推进生态城市建设，重庆市逐渐建立起了生态文明调查评估机制、隐患筛查机制、事故处置机制等环境风险全过程管理体系。通过开展"四清四治"，对生态安全隐患逐一分类整治，取得了阶段性成果。2016年，全市重金属污染防治任务完成率达80%，危险物品规范化管理考核达标率达90%。此外，生态建设组织建设也取得较大进展，2016年重庆在全国率先实现乡镇环保机构全覆盖，市、区、镇三级环境监管体系基本形成。

4. 生态文明法治水平逐步提高

在城市生态文明的建设过程中，重庆市生态文明法制建设成效显著。全市各级部门认真学习贯彻《环境保护法》，全面规范环境行政处罚裁量权。陆续修订出台了《重庆市大气污染物综合排放标准》等近20个地方环保标准，使环保法规及标准体系逐渐完善。同时，还建立了环保法律仲裁与执法机制，全市设立了5个环境资源审判庭，对环境资源案件进行集中处理，生态文明治理能力和执法监管水平明显提升。

(二) 重庆生态文明建设面临的问题

1. 供给侧改革有待进一步深入

全市总体上仍处于欠发达阶段，经济社会发展中仍然存在结构不合理、区域不协调等问题，低碳循环经济应用不广泛，能源结构调整任务依然艰巨。长期以来对传统重工业的依存度较高。"十二五"期间，重庆市对高污染、高能耗产业的关停并转初见成效，但是高科技、高附加值的战略性新兴产集群并未形成规模效应，产业结构的优化调整和环境公共服务水平的提升在短时间内难以实现，工业化、城镇化进程仍将面临资源环境约束趋紧的重大挑战，产业结构优化成果与供给侧改革的总体目标仍然存在不小差距。

2. 生态环境安全保障面临巨大压力

重庆地处长江经济带与"一带一路"交汇处，不仅承担交通航运枢纽的功能，而且承担着长江上游水土涵养的功能。尽管重庆市深林覆盖率位、水资源质量、淡水蓄积量均居全国前列，但是与其担任的长江上游生态屏障的重要角色相比，全市的生态环境建设仍然面临巨大压力。主要表现在：全市森林资源总量不足、分布不均、林相单一，森林生态系统保护与建设压力依然较大。水土流失、石漠化、开发建设活动造成生态破坏等问题比较突出，地质灾害点多面广。山、水、林、田、湖缺乏统筹保护，生态空间、生物多样性受威胁程度加剧，部分地区为了经济利益存在乱占林地、乱伐林木等问题，局部地区生态环境系统仍然脆弱。

3. 城市生态环境污染治理工作仍需加强

随着城镇化进程的推进，主城区人口规模扩张、高层建筑群增加、机动车数量激增均给城市环境之力带来巨大挑战。"十二五"期间，重庆市各区空气污染更趋多样化、复杂化，主城区 PM2.5 年均浓度仍然超标，二氧化氮年均浓度不降反升。水环境质量呈现出"大河好、小河差"的非均衡局面，三峡库区部分支流污染加剧。全市城市绿地规模总量偏低，城市园林绿化的生态效益尚未完全显现。

4. 生态文明体制机制建设亟待完善

尽管重庆全市生态文明建设取得较大进展，但是生态文明的制度体系、执法监管体系和治理能力体系尚未健全，生态环境治理方面的体制机制有待完善，部分区县的职能部门监管职责缺位、越位、错位等问题依然存在，生态文明建设的考核机制、激励机制、推广机制仍需进一步改进。

(三) 重庆城市生态文明建设的有效路径

为了加快城市生态文明建设进程，重庆市从经济、法治、文化等各个层面完善体制机制，夯实基础建设，健全组织保障。具体措施如下：

1. 严格控制能源消耗总量，推广节能技术

优化能源消耗结构，控制能源消费总量，降低能耗强度，严格执行地区生产总值能耗降低目标。对高耗能产业实行能源消费总量的强制性约束。加快制订节能标准体系、能耗标识制度，加强对超标准排污企业的监控力度，切实调整能源比例，提升能源使用效率。强化节能评估审查，完善节能目标责任评估考核体系。推广新型节能技术，严格控制能耗水平。

2. 优化产业结构，加大供给侧改革力度

推进供给侧结构性改革，进一步优化产业结构，淘汰落后产能，促进产业转型升级，培育战略性新兴产业，加快形成因地制宜、低碳

循环的绿色产业链。加快形成若干产业协同、优势突出、辐射广泛的现代产业体系。坚决淘汰无效、低效产能，促进生产要素提档升级。重点发展电子核心基础部件、新能源汽车及智能汽车、机器人及智能装备、高端交通装备、新材料、生物医药等新兴产业集群。

3. 继续发展低碳循环经济，倡导绿色生态文明生产生活方式

推进工业园区循环生产模式改造，减少产出能耗，促进循环经济在采购、生产、营销、物流、消费等领域深度推广。积极构建循环经济产业体系。推进一批产业链条完整、基础条件扎实、发展潜力大的产业园区开展循环化改造。支持全市企业实施绿色标准、绿色生产、绿色管理和绿色文化。努力打造绿色供应链，加快建立以资源节约、环境友好为导向的绿色全产业链。

4. 大力发展创意产业集群，培育发展新动能

大力发展创意产业集群，实现"推二进三"的产业结构重组优化。重点支持工业设计、软件外包、建筑与园林设计、影视传媒、咨询策划、时尚设计等六大创意产业集群的投融资、园区用地、人力资源和税收支持。使创意产业集群成为驱动区域经济增长的新引擎，减少对土地、矿产、能源的过度依赖，实现产业结构的全面转型

5. 促进创意产业与制造业的深度融合，引领制造业转型升级

按照供给侧结构改革总体要求，推进创意设计与制造业的深度融合，将创意设计全方位融入产品研发、生产工艺、制造流程和营销推广等全产业链，进一步提升产业集群的技术附加值和土地利用率，促进全市工业从劳动密集型向知识密集型过渡。重点将产业基础较好的笔记本电脑、电子数码设备、轨道交通、船舶装备等传统优势产业集群培育成为具有国内外领先优势的现代产业集群，实现"传统制造"

向"智能制造"的全面转型。

四、简短结论和建议

创意产业集群是知识密集型的高附加值产业,具有发展潜力大、环境污染小、投入产出高等优势。发展创意产业不仅可以促进就业、改善民生,还可以实现土地资源的集约利用,摆脱对能源、矿产、原材料等自然资源的过度依赖,推进供给侧结构改革,提升城市生态文明的整体水平。在创意产业集群的发展过程中,要避免出现产业项目空心化、人才分散化、盈利能力弱化等几大问题,注重文化创意产业和实体经济的深度融合,增强"经济—环境—社会"城市生态系统协调发展能力。

参考文献

[1] Darroch J. Knowledge management, innovation and firm performance[J]. Journal of Knowledge Management, 2005, 9(3): 101-115.

[2] Dess G G, Robinson R G, Jr.. Measuring Organizational Performance in The Absence of Objective Measures. The Case of the Privately Held Firm and Conglomerate Business Unit[J]. Strategic Management Journal, 1984(5): 265-273.

[3] Henry J F. Are your Performance measurement systems truly, Performing?[J].CMA Management, 2006, 80(7): 31-35.

[4] O'Leary D. "Knowledge Management Systems:Converting and Connecting," and "Using AI in Knowledge Management:Knowledge Bases IEEE[J]. Intelligent Systems Journal, 1998, May/June.

[5] Polanyi M.1967. The Tacit Dimension[M]. Doubleday Anchor, Garden City, NY

[6] Salisbury, W M. Putting Theory into Practice To Build Knowledge Management Systems[J]. Journal of Knowledge Management, 2003, 7(2): 128-141.

[7] Ribiere V M. Assessing Knowledge Management Initiative Success as a Func of Organizational Culture[D]. Unpubished doctoral dissertation, The George Washing University, Washington, DC 2001.

[8] wiig K M.1999.Establish, Govern, and Renew the Enterprise's Knowledge Practices[M]. Arlingtong, TX:Sehema Press.

[9] Nonaka, Ikujiro., Takeuchi, Hirotaka.1995. The Knowledge-creating

Company[M].Oxford University Press.

[10] Grant R M. Toward a knowledge based theory of the firm [J]. Strategic Management, 1996(17):109-122.

[11] Ouintas P., Lefrere P, Jones G. Knowledge Management: Astrategic Agenda[J]. Long Range Planning, 1997, 30(3): 385-391.

[12] Pettigrew A M. 1984. On Studying Organizational Cultures[J]. In Maanen John Van(Ed.). Qualitative Methodology. CA:Sage.

[13] Quinn J B, A Philip, S Finkelstein. Managing Professional Intellect: Making the Most of the Best[J]. Harvard Business Review, 1997, 74(2):71-80.

[14] Ruggles R. The state of the notion: Knowledge management in practice[J]. California Management Review, 1998, 40(3):80-89.

[15] Myburgh S. The convergence of information technology & information management[J]. Information Management Journal, 2000, 34(2):4-16.10.

[16] Maryam Alav, i Tmi othy R.Kayworth, And Dorothy E.Leidner. An Empirical Examination of the Influence of Organizational Culture on Knowledge Management Practices[J]. Journal of Management Information Systems/Winter, 2005, 22(3):191-224.

[17] Kald M, Nilsson F. Performance Measurement at Nordic Companies[J]. European Management Journal, 2000, 18(1):113-127.

[18] 顾江. 文化产业研究（第1辑）[M]. 南京：南京大学出版社，2006.

[19] 蒋三庚. 文化创意产业研究[M]. 北京：首都经济贸易出版社，2006.

[20] 厉无畏. 创意产业导论[M]. 上海：学林出版社，2006.

[21] 吕学武，范周. 文化创意产业前沿——现场：文化的质感[M]. 北

京：中国传媒大学出版社，2007.

[22] 刘德铭，黄振高. 对策论及其应用[M]. 长沙：国防科技大学出版社，1996.

[23] 谢政. 对策论[M]. 长沙：国防科技大学出版社，2004.

[24] （奥地利）哈特利. 创意产业读本[M]. 北京：清华大学出版社，2007.

[25] 贺寿昌. 创意学概论[M]. 上海：人民出版社，2006.

[26] 褚劲风. 创意产业集聚空间组织研究[M]. 上海：上海人民出版社，2009.

[27] 花建. 文化产业竞争力[M]. 广州：广东人民出版社，2005.

[28] 冯子标，焦斌龙. 文化产业解构传统产业[M]. 北京：社会科学文献出版社，2006.

[29] 郭利平. 产业群落的空间演化模式演进[M]. 北京：经济管理出版社，2006.

[30] 李向民. 文化产业变革中的文化[M]. 北京：经济科学出版社，2005.

[31] 刘志彪. 中国沿海地区制造业发展，国际代工模式与创新[J]. 南开经济研究，2005（5）.

[32] 顾庆良. 纺织服装企业低价竞争的困境与解法[J]. 中国纺织，2005（6）.

[33] 胡丹婷. 全球价值链下的中国服装产业升级[J]. 纺织学报，2007（9）.

[34] 潘旭伟，顾新建，等. 面向协同的服装供应链快速反应机制研究[J]. 纺织学报，2006（1）.

[35] 徐琪，周建亨. 基于XML数据共享的纺织服装供应链快速响应系统[J]. 纺织学报，2008（2）.

[36] Wall L, Lader A. 构建 Web 服务和 NET 应用程序[M]. 康博，译. 北京：清华大学出版社，2002.

[37] 邢志宏，徐燕. 北京市文化创意产业发展状况及趋势展望[J]. 行业聚焦，2007（3）.

[38] 熊凌. 香港创意产业的发展及经验[J]. 发展研究，2004（3）.

[39] 阎小培. 信息产业的区位因素分析[J]. 经济地理，1996（8）.

[40] 徐开尘. 打造文化创意产业深化知识经济竞争力[J]. 出版参考，2005（12）.

[41] 徐清泉. 创意产业：城市发展的又一引擎[J]. 社会观察，2004（5）.

[42] 徐延. 文化创意产业概念辨析[[J]. 当代传播，2007（4）.

[43] 徐有智，周学政. 珠三角地区创意产业园区发展的思考[J]. 特区经济，2006（10）.

[44] 徐振昌. 创意产业与城市再生[J]. 城市管理，2006（4）.

[45] 许悼权. 香港文化及创意产业：新的发展视角和策略[J]. 探索与争鸣，2007（8）.

[46] 薛晓，曹荣湘. 全球化与文化资本[M]. 北京：社会科学文献出版社，2005.

[47] 薛志良，马琳. 关于艺术管理与文化创意产业的若干探讨[J]. 艺术教育，2006（6）.